Lothar von Seltmann

Frieda

Liebe, Bangen und Hoffen

Die Geschichte einer ungewöhnlichen Frau

Romanbiografie

BRUNNEN
Verlag Giessen · Basel

Der Ursprung der Gedichte S. 3 und S. 185 ist unbekannt.

Bibelzitate sind wiedergegeben nach: Lutherbibel 1984,
durchgesehene Ausgabe in neuer Rechtschreibung,

www.brunnen-verlag.de
Umschlagfotos: Shutterstock, Getty Images, privat
Umschlaggestaltung: Ralf Simon
Satz: DTP Brunnen
Druck: GGP Media GmbH, Pößneck
ISBN 978-3-7655-1756-3

Flügel möchte ich besitzen,
bis zum blauen Himmel dringen.
„Lieber Engel, schenk mir Schwingen …“
Als der Engel dies vernommen,
griff er in die Silbertruhe.
Und was habe ich bekommen?
Gute, feste Wanderschuhe!

Inhalt

Ein denkwürdiger Besuch

Verzeihen Sie, können Sie mir sagen, wo es hier zum Schweikhof geht?" Die junge Frau auf dem schmalen Bahnsteig wandte sich mit dieser Frage an den rot bemützten und blau uniformierten Beamten. Der Mann schaute mit seiner Kelle in der Hand dem Zug nach, der sich an einem tristen Vorabend eines Freitags im September 1958 stampfend und zischend aus dem kleinen Bahnhof von Weier im Emmental in Richtung Häusernmoos, Dürrenroth und Huttwil entfernte. Dabei zog das Bähnchen eine müde, graue Rauchfahne hinter sich her, die bald vom leichten Septemberwind auseinandergeweht wurde und sich dann im feuchten Dunst des Vorabends verlor.

„So, so, zum Schweikhof wollen Sie?", gab der Mann zurück, indem er sich der Fragerin zuwandte und mit seiner freien Hand über seinen üppigen Vollbart strich. Der Älpler in Uniform fragte in einem Tonfall, als wäre es etwas Besonderes, diesen Hof zu besuchen. Dann musterte er die Reisende von oben bis unten und wieder zurück. „Sie sehen aber nicht danach aus, als wollten Sie dem Habegger Fritz in seiner notvollen Arbeit zur Hand gehen. Sie kommen wohl aus der Stadt?"

„Dass ich aus der Stadt komme, stimmt. Sogar direkt aus Bern", bestätigte die junge Frau. „Ich kenne die Bauersleute auf dem Schweikhof bisher auch gar nicht. Lydia, die Haushaltshilfe, hat mich zu einem Wochenendbesuch nach hier eingeladen. Wir kennen uns seit Jahren über meine Schwester. Sie wollte mich eigentlich hier abholen."

„Ach, die Lydia, das freundliche Lehrmädchen." Der Bahnbeamte seufzte ein wenig auf. „Ihren Besuch hier unten abzuholen, dazu hat die wohl keine Zeit. Das arme Ding ist in der großen Familie da oben auf dem Hof doch rund um die Uhr eingespannt und dabei hoffnungslos überfordert. Seit der Bauer allein ist, könnte der unbedingt ein paar gute, fähige Hände gebrauchen, die Haushaltserfahrung haben und zupacken können. Die Lydia kann die Not nicht lindern." Der Bahnbeamte unterbrach sich und sagte dann: „Aber was erzähle ich Ihnen da? Sie hatten mich doch nur nach dem Weg gefragt."

„Das hatte ich", bestätigte die junge Frau. Was es mit seinen merkwürdigen Aussagen zum Schweikhof auf sich hatte, würde sie schon noch erfahren. Dass der Bauer ohne Frau war und dass irgendwelche Not herrschte, war ihr neu. Lydia hatte ihr dazu nichts geschrieben.

„Verzeihen Sie, Fräulein. Wenn ich an die Leute auf dem Schweikhof und an ihr Elend denke, dann kommt mir halt immer das große Bedauern. Also, der Weg ist ganz einfach zu finden. Der Schweikhof liegt dort drüben am Hang. Sie sehen ihn von hier." Dabei zeigte der Mann über die Dächer der Gebäude in der schmalen Talsenke unterhalb der Bahntrasse – hinüber auf die kleine Häusergruppe am östlich gelegenen Hang. „Sie brauchen nur den Weg dort unten zwischen der Molkerei und dem Nachbarhof zu nehmen und hinter den Häusern durch die Felder hinaufzugehen. Verlaufen können Sie sich nicht, selbst in der aufkommenden Dämmerung nicht. Aber Sie sollten sich beeilen. Es wird bald richtig regnen. Ich wünsche Ihnen eine gute Zeit auf dem Hof vom Habegger Fritz."

Frieda Schlüchter, die hübsche, brünette, ausgebildete

Hauspflegerin und Bäuerin, bedankte sich bei dem freundlichen Mann, wechselte ihre Reisetasche in die linke Hand und raffte mit der rechten ihren leichten Sommermantel unter dem Hals zusammen. Vielleicht sollte sie den Mantel auch zuknöpfen und ihr Tuch über die Haare ziehen, ging ihr durch den Kopf. Ihr war plötzlich kühl. Sie fühlte sich unwohl und wünschte sich für den Moment zurück in die Hauptstadt. Sollte sie den Gegenzug, der bald kommen würde …? Nein, das sollte sie nicht! Jetzt war sie hier und wollte Lydia die Freude des Wochenendbesuchs nicht nehmen. Vielleicht brauchte das Mädchen sie gerade jetzt.

Mit festen Schritten verließ Frieda den Bahnsteig und das Bahnhofsgelände in der angegebenen Richtung. Dabei gingen ihr freilich eine ganze Reihe Fragen durch den Kopf: Worauf ließ sie sich eigentlich ein bei ihrem Besuch? Was verband sie mit Lydia, dass sie ihr freies Wochenende opferte? Was hatte es zu bedeuten, dass dieses Mädchen an seinem Ausbildungsplatz überfordert sei? Was war mit dem Bauern, dass er allein lebte und dringend ein Paar helfende Hände auf seinem Hof brauchte? Der Bahn-Älpler hatte das Wort „Paar“ so besonders betont. Was würde sie wohl in wenigen Minuten dort oben antreffen?

Frieda Schlüchter ging mechanisch den angegebenen Weg in die Senke hinunter und dann den Hang wieder hinauf. Dabei hing sie weiter ihren Gedanken nach, sodass sie zwischen der Molkerei und dem Nachbarhof beinahe mit Lydia zusammengestoßen wäre. Plötzlich war das Mädchen da, ließ den Schirm fallen und fiel ihrer zehn Jahre älteren Besucherin um den Hals. „Schön, dass du da bist, Frieda! Ich freue mich! Herzlich willkommen in Weier im Emmental und auf dem Schweikhof.“

Bei dieser begeisterten Begrüßung ließ die Ältere die letzten leisen Bedenken um den Sinn dieses Wochenendes fahren, ließ ihrerseits die Reisetasche fallen und gab die Begrüßung ebenso herzlich an die Jüngere zurück. „Auch ich freue mich, dass ich jetzt hier bin, Lydia", meinte sie und fuhr mit gespielter Enttäuschung fort: „Du hättest allerdings für besseres Wetter sorgen können. Bei der Waschküche, die sich da bildet, können wir doch gar nichts unternehmen."

Lydia bückte sich nach ihrem Schirm, den zu öffnen jetzt auch notwendig wurde. Dabei seufzte sie ein wenig und sagte: „Dazu werden wir ohnehin kaum Zeit und Gelegenheit haben, Frieda. Verzeih, dass ich dich nicht vorgewarnt habe. Ich hatte Angst, du würdest nicht kommen, wenn ich …"

„Wenn du was?", hakte Frieda nach, griff dabei mit der einen Hand ihre Tasche und hakte sich mit der anderen bei Lydia ein. So ging es sich dichter unter dem Schirm.

„Ich hätte dir schreiben sollen, dass die Bäuerin vor etwa acht Wochen …"

„… dem Bauern davongelaufen ist?", platzte Frieda dazwischen, eingedenk der Bemerkung des Bahnbeamten von vorhin.

Lydia seufzte wieder auf und ihre Stimme klang plötzlich belegt: „Nein, so nicht! Sie ist dahin gegangen, von wo keiner mehr zurückkommt."

„Ist sie gestorben?", fragte Frieda erschrocken.

„Krebs ist eine tückische Krankheit. Dagegen war kein Kraut gewachsen. Das Leiden war heftig und hat Monate gedauert. Vor etwa acht Wochen haben wir sie beerdigt."

„Das ist schlimm! Und der Bauer? Und die Kinder?“

„Ich weiß auch nicht, was Gott sich dabei gedacht hat, den Bauern in dieses Unglück zu stürzen. Sechsundvierzig ist der Mann und muss sich jetzt allein um den Hof und um die fünf Kinder kümmern.“

„Ist nicht eins davon ...?“

„... behindert, wolltest du sagen?“

„Du hast in deinem Brief eine Andeutung gemacht.“

„Mathilde, die Älteste, ist neunzehn. Sie hat eine zerebrale Lähmung, oder wie das heißt. Kaputter Körper, wacher Geist. Mathilde ist ein armer Mensch. Lebt im eigenen Körper wie in einem Gefängnis.“

„Und die anderen vier?“

„Mit denen ist alles in Ordnung. Ruth ist so alt wie ich, siebzehn. Über die Woche studiert sie in Bern am Seminar für Grundschullehrerinnen und kommt nur zum Wochenende nach Hause. Susanne ist dreizehn, Peter und Vroni sind elf, Zwillinge. Vroni heißt eigentlich Veronika. Alle fünf sind ganz liebe Menschen. Aber es ist alles sehr, sehr traurig.“

„Und du mittendrin, Lydia! Wie schaffst du das?“

„Mehr schlecht als recht, Frieda. Ich muss sehen, wie ich durchkomme. Irgendwie geht das mal noch. Ich weiß nur nicht, wie lange ich das leisten kann. Die bedrückende, düstere Stimmung im Haus macht mich fertig. Kein Singen, keine Musik, kein Lachen, keine Fröhlichkeit. Da ist nirgendwo Licht, nur Düsternis und Trauer. Der Bauer sitzt wortlos an seinem Platz, wenn er nicht arbeitet, und stiert Löcher in die Luft. Die Kinder sind still und bedrückt. Alles ist wie unter einem dicken Nebel.“

Die beiden jungen Frauen waren für einen Moment stehen geblieben. Der eben noch leichte Regen war stärker geworden. Gut, dass der Schirm so groß war. Als schmale Personen fanden sie darunter ausreichend Platz und waren geschützt.

„Sucht deine Schule einen neuen Platz für dich? Deine Ausbildung muss doch weitergehen“, nahm Frieda das Gespräch wieder auf, während die beiden weiter bergauf gingen.

„Die hilft schon und hat wohl auch schon einen anderen Platz gefunden. Aber ich kann doch den Bauern in seinem Elend jetzt nicht alleinlassen. Er muss seiner Arbeit nachgehen und ist dann ganze Tage nicht da. Die drei Schulkinder wollen versorgt sein, und dann ist da ja auch noch Mathilde.“

„Ist der Mann kein Bauer mehr mit Vieh im Stall und Wirtschaft auf den Feldern und Wiesen?“, wollte Frieda wissen.

„Der Fritz Habegger ist zwar noch Bauer. Aber um die Wirtschaft kümmert sich inzwischen der Nachbar. Er selber hat eine technische Vertretung für Kühlhauseinrichtungen oder so ähnlich. Er ist im Außendienst oder wie man das nennt. Jeden Tag woanders. Er verdient damit sein Geld.

Ich weiß nicht, wie das weitergehen soll“, seufzte Lydia. „Gott selbst muss den Weg weisen für die Leute vom Schweikhof und auch für mich.“

„Sind die Habeggers fromme Leute?“, griff Frieda den letzten Gedanken auf.

„Sie sind gläubige Leute“, antwortete Lydia. „Sie halten sich zur Kirche drüben in Affoltern und haben eine Bibelstunde des Evangelischen Gemeinschaftswerkes im

Nachbarhaus." Nach einem Moment Zögern ergänzte das Mädchen: „Sicher ist das im Moment mit dem Glauben schwer für sie."

„Was ich mir gut denken kann", gab Frieda zu. „Wenn ich mir vorstelle, mein Vater wäre an seiner Stelle ..."

„Jetzt sind wir am Ziel", sagte Lydia dann. „Noch einmal willkommen auf dem Schweikhof. Das Wochenende wird schon gut werden, auch im Trauerhaus. Wenn nur das Wetter ein bisschen besser würde ..."

„Wenn nicht, dann bleiben wir halt unter dem Dach, groß genug ist es", gestand Frieda zu, während sie am schmucken Haus hochschaute. „Langweilig wird es uns schon nicht werden. Stellst du mich deinen Leuten vor?"

„Natürlich! Die warten schon darauf, dich kennenzulernen. Mathilde ist aber schon im Bett. Der Bauer kommt irgendwann dazu."

„Mir ist alles recht, Lydia", meinte Frieda. „Ich freue mich, dass ich jetzt hier bin und vielleicht eine kleine Abwechslung in dieses Trauerhaus bringen kann."

Zuerst stellte die Besucherin ihr Reisegepäck in Lydias Zimmer und begrüßte danach Mathilde, die tatsächlich bereits im Bett lag. Mit fahrigen Bewegungen streckte das Mädchen die Arme nach Frieda aus und kreischte. Mit lieben Worten drückte die Besucherin Mathildas Hände.

Dann saß Frieda Schlüchter in der großen, vom knisternden Kaminfeuer gewärmten Bauernstube mit den Habegger-Kindern und Lydia um den langen Tisch. Sie hatten das Brett, die Figuren und Würfel eines Mensch-ärgere-dich-nicht-Spiels aufgebaut. Es war sogar für sechs Personen angelegt, sodass niemand am Tisch vom Spiel ausgeschlossen war. Seit langer Zeit wurde in dem Haus wieder einmal in gelockerter und beinahe heiterer Atmosphäre gespielt und miteinander geplaudert. Den Kindern schien diese Abwechslung zu gefallen.

Als Fritz Habegger später den Raum betrat, begrüßte er den Gast nur kurz mit einem Händedruck und einem „Guten Abend, willkommen im Haus". Dann ergriff er eine Zeitung, setzte sich Frieda gegenüber ans andere Ende des Tisches und schaute mit traurigen, finsteren Augen über die Schar der jungen Leute, die er vor sich hatte.

Sofort legte sich über die Spielrunde eine gewisse Beklemmung. Der Spielschwung, der sich in den letzten Minuten entwickelt hatte, erlahmte. „Spielt gerne weiter", sagte der Vater.

Das war doch schon einmal etwas. Frieda und Lydia schauten sich an und ließen ihre Blicke dann zu Ruth hinüberwandern. Die Siebzehnjährige schien die Bemerkung des Vaters mit Erleichterung aufgenommen zu haben, denn über ihr Gesicht huschte ein leichtes Lächeln. Bei der Frage: „Wer ist denn dran?" klang ihre Stimme bereits wieder freier als zuvor. Inzwischen hatte der Bauer sein Gesicht in den Seiten der Zeitung vergraben und schien sich intensiv mit den Neuigkeiten des Tages zu beschäftigen.

Frieda schaute ans andere Ende des Tisches auf den stattlichen Mann mit den buschigen dunklen Brauen über seinen traurigen Augen, den grauen Schläfen und dem dunklen, vollen Haar. Wie leid tat ihr dieser Mann!

Wie gerne hätten sie am späteren Abend noch weiter gespielt und geplaudert über dies und jenes, wie es sich nach und nach ergeben hatte. Aber das Wort des Vaters galt. „Es ist Zeit zum Schlafengehen. Morgen ist ein neuer

Tag. Gott behüte euch! Gute Nacht!" Nach diesem Hinweis legte Fritz Habegger seine Zeitung zusammen und erhob sich von seinem Platz. Dann kam er auf den Gast zu, reichte Frieda die Hand und sagte: „Es freut mich, dass Sie Lydia besuchen. Schlafen Sie gut." Danach verließ er ohne ein weiteres Wort die Stube.

Die Kinder erhoben sich ebenso, um einander „Gott behüte dich! Gute Nacht!" zu wünschen. Ruth räumte das Spiel zusammen, während die dreizehnjährige Susanne sich wohl zur Sprecherin für ihre Geschwister machte, indem sie sagte: „Papa hat recht, es ist wirklich schön, dass Sie hier sind, Fräulein Schlüchter. Seit Mamas Tod waren wir nie mehr so fröhlich zusammen wie heute Abend. Wir haben zum ersten Mal wieder gespielt und dabei Freude gehabt und sogar gelacht."

Dem Gast wurde es bei diesen Worten merkwürdig warm ums Herz. Blitzartig schoss es Frieda durch den Sinn: In diesem Haus fehlte nicht nur das Paar tüchtiger Hände, sondern auch ein Herz mit viel Liebe für die geprüfte Familie. Laut sagte sie: „Ich habe mich auch sehr wohlgefühlt unter euch. Wie schön, wenn ich euch ein wenig Freude bringen konnte. Und bis Sonntagnachmittag bin ich ja auch noch hier. Jetzt wünsche ich euch eine gute Nacht. Wie habt ihr gesagt? Gott behüte euch! Auch morgen am Tag. Bis ich morgen früh unten bin, seid ihr wahrscheinlich schon auf euren Schulwegen."

Diesem Freitagabend folgte für Frieda Schlüchter eine unruhige Nacht. Nach einem Gespräch mit Lydia vor dem Einschlafen, in dem beide die letzten Stunden noch einmal bedachten, konnte sie lange keine rechte Ruhe finden.

Nachdem ihr die Augen dann endlich zugefallen waren, träumte sie unmögliches Zeug. Immer wieder streckten die Habegger-Kinder ihr bittend die Hände entgegen, und Mathilde schlang ihr die Arme um den Hals. Den Witwer sah sie vor sich, wie er mit merkwürdigem Blick über den Zeitungsrand schaute, wie er auf der Bank am Hofbrunnen saß und sie einlud, sich doch zu ihm zu setzen. Dann sah sie sich wie in Panik fluchtartig das Sträßchen zum Bahnhof hinunterrennen. Aber der Zug zeigte ihr nur noch seine roten Rücklichter.

Dann wieder sah sie sich in einem Möbelwagen sitzen, der es aber nicht schaffte, den Berg hinaufzukommen, weil er in der engen Durchfahrt an der Molkerei stecken blieb … Merkwürdige Traumbilder.

Als Frieda schließlich aufwachte, war es bereits heller Tag. Lydia war wohl schon lange auf den Beinen. Von unten aus dem Haus war neben anderen Geräuschen die sonore Stimme des Hausherrn zu hören. Fritz Habegger schien sich von Lydia und Ruth zu verabschieden. Die drei anderen Kinder waren sicher schon aus dem Haus.

Frieda stieg benommen aus dem Bett und trat ans Fenster. Dabei schob sie die Gardine zur Seite, sodass der Blick nach unten auf den Hof frei wurde. Sie hatte richtig gehört. Der Bauer hatte sich verabschiedet und war jetzt draußen auf dem Weg zu seinem Auto, das in der Scheune auf der anderen Straßenseite seinen Platz hatte. Er musste wohl zur Arbeit. Plötzlich drehte er sich um und schaute nach oben zum Fenster. Hatte der Mann etwa erwartet, dass sie dort stand und hinaussah? Jedenfalls schien er sich zu freuen. Er hob die Hand und winkte ihr zu. Auf seinem markanten Gesicht lag dabei ein merkwürdiger Ausdruck und irgendwie ein ermunterndes Lächeln. Was das wohl bedeutete?

Der jungen Frau gingen wieder die merkwürdigsten Gedanken durch den Sinn, während sie Fritz Habegger nachschaute. In welches Haus hatte Gott sie da geführt? Sie war doch eigentlich nur hier, um den lang gehegten Besuchswunsch von Lydia endlich zu erfüllen und mit dem Mädchen das Wochenende zu verbringen. Dessen durchaus traurige Lage als Hauswirtschaftslehrling sollte ihre Gedanken eigentlich beschäftigen. Dem Mädchen musste geholfen werden, damit es irgendwo seine Ausbildung ordentlich fortsetzen und beenden konnte. Das war nun auf diesem Hof ohne Lehrmeisterin nicht mehr möglich.

Frieda hielt in ihren Gedanken inne. War Lydia wirklich der Grund, warum sie hier war? Oder gebrauchte Gott dieses Mädchen nur als ein Werkzeug für seine Pläne, die ... Warum nur hatte diese mutterlose Familie Habegger schon bei der kurzen Begegnung ihr Herz berührt? Wie von selbst kam ihr plötzlich der Text ihres Lieblingsliedes aus der Feder der Schriftstellerin Hedwig von Redern in den Sinn. Sie begann, die Melodie vor sich hin zu summen. Die Worte waren seit Langem ihr ständiges Gebet:

Weiß ich den Weg auch nicht, du weißt ihn wohl;
das macht die Seele still und friedevoll.
Ist's doch umsonst, dass ich mich sorgend müh,
dass ängstlich schlägt das Herz, sei's spät, sei's früh.

Du weißt den Weg ja doch, du weißt die Zeit,
dein Plan ist fertig schon und liegt bereit.

Ich preise dich für deiner Liebe Macht,
ich rühm die Gnade, die mir Heil gebracht.

Du weißt, woher der Wind so stürmisch weht,
und du gebietest ihm, kommst nie zu spät;
drum wart ich still, dein Wort ist ohne Trug.
Du weißt den Weg für mich, das ist genug.

Frieda schaute noch für einige Momente versonnen über die weite, offene Flur, die sich jenseits des Sträßchens in dem welligen, hügelig ansteigenden Gelände vor ihren Augen ausbreitete. Es war der Schweikhof-Grund unter einem hellen Himmel. Das heutige Wetter versprach besser zu werden als das gestrige. Vielleicht reichte es ja doch zu einem Spaziergang mit Lydia.

Die Kartoffeln unter dem dürren Kraut und die Rüben gehörten wohl auch bald aus dem Boden geholt und die Stoppeln umgebrochen, ging es ihr dabei durch den Sinn. Der Boden musste für den Winter oder für Neues vorbereitet werden. Aber darum würde sich ja der Nachbar kümmern, der das Land gepachtet hatte. Der Hausherr hatte die Landwirtschaft übergeben, als seine Frau so schwer krank geworden war. Das hatte Lydia ihr am Abend noch berichtet. Deshalb hatte er sich auf den Verkauf von speziellem Verpackungsmaterial für Kühltechnikanlagen verlegt. Dies wurde mehr und mehr von den Bauern im Land in zentralen oder auch eigenen Kühlhäusern genutzt. Die Arbeit tat er gern, und deshalb war er auch an diesem Samstag unterwegs.

Lydia und Ruth warteten wohl unten auf sie mit dem Frühstück, dachte Frieda plötzlich. Und dann hatte sie ja versprochen zu helfen, wenn Mathilde gebadet wurde. Das war immer ein besonderes Unterfangen, musste das spastisch gelähmte Mädchen doch ausgezogen und in die Wanne gehoben, dann gewaschen und auch wieder herausgehoben, abgetrocknet und angekleidet werden. Mathilde konnte selbst nicht helfen. Frieda zog sich rasch an und ging nach unten.

In der Küche saßen die drei Mädchen bereits am gedeckten Tisch, auf dem auch ein frischer Strauß Astern stand. Mathilde saß mit der ihr eigenen gekrümmten Körperhaltung im Rollstuhl, in dem sie sicheren Halt hatte.

Als der Gast hereinkam, geriet sie in Erregung. Auf ihr hübsches Gesicht legte sich ein breites Lachen, das freilich die Züge eher verzerrte als verschönerte. Die Arme und auch der Kopf mit den schönen, dunklen Haaren gerieten in heftige, unkoordinierte Bewegung. Die Laute, die Mathilde von sich gab, klangen rau und unartikuliert, aber sie sollten wohl den Gast willkommen heißen.

Armes Wesen und doch geliebtes Geschöpf Gottes!, ging es Frieda durch den Sinn, als sie auf die älteste Habegger-Tochter zuging und als Erstes ihre Hände ergriff, um die freudige Begrüßung zu erwidern.

„Darf ich mit euch frühstücken?“, fragte sie, immer noch Mathilde zugewandt. Die kämpfte einen Moment gegen ihre sprachlichen Verkrampfungen und brachte dann doch ein „Ja“ heraus. Die beiden anderen am Tisch hatten ihre Freude daran. Und bei der Frage, ob sie beim Baden helfen dürfe, kam dieses „Ja“ zum zweiten Mal.

Bei dieser mühsamen Äußerung von Mathilde ging es Frieda wieder für einen Moment durch den Kopf, dass das Haus auch um dieses Mädchens willen ein Paar tüchtige Hände brauchte – und ein großes Herz voller Liebe. Aber wer besaß diese Hände? Und wer besaß dieses große Herz? Welche Frau besaß gar beides? Nun, der allmächtige Gott musste es wissen, war sie sich für den Moment sicher. Der das Unglück dieser Familie zugelassen hatte, der musste auch den Plan zur Lösung ihrer Probleme haben. Alles war wohl nur eine Frage der Zeit.

Mit diesem Gedanken schickte sich Frieda in die Gegebenheiten dieses Tages. Sie nahm am Tisch Platz und ließ sich mit den beiden siebzehnjährigen Mädchen und mit Mathilde das Frühstück schmecken. Dabei ging es recht munter zu zwischen den dreien, und auch Mathilde hatte ihre Freude am Miteinander am Tisch.

Später half Frieda, Mathilde zu baden und sie danach wieder anzuziehen. Gerne half sie auch überall im Haushalt mit. Lydia und Ruth freuten sich drüber, verschaffte es ihnen doch Freiraum für den Nachmittag. Dann sollte es bei trockenem Wetter einen gemeinsamen Spaziergang geben und später am Abend wieder eine fröhliche Spielrunde … Und sonntags? Das würde sich erweisen. Friedas Zug zurück nach Bern fuhr erst am Nachmittag. Bis dahin gab es für sie, für Lydia und für die fünf Habegger-Kinder noch viel Gelegenheit, die Besuchszeit auch richtig auszukosten.

Beim Abschieds-Kaffeetrinken verlangte Mathilde plötzlich ihre ABC-Tabelle. Lesen und Schreiben hatte ihr bereits früher eine tüchtige und sehr geduldige Hauslehrerin beigebracht. Allerdings war es immer etwas mühsam, wenn Mathilde eine Mitteilung machen wollte. So auch an diesem Tag. Mit großer Anstrengung zeigte sie mithilfe

Mathildes Tafel, auf der sie Wörter und Zahlen zeigen konnte

der Buchstaben auf der Tafel drei Wörter, die sie dem Gast zum Abschied mitgeben wollte: „D-u b-i-s-t l-i-e-b!“

Frieda trieb es die Tränen in die Augen, als sie das verstand. Die Aussage des behinderten Mädchens machte ihr den Abschied aus diesem Haus nicht ganz leicht. Die Habegger-Kinder mit Mathilde hatten einfach ihr Herz gewonnen. Und was hatte der Bauer ihr gesagt, als er sich nach dem Mittagessen bereits von ihr verabschiedet hatte, weil er irgendwohin fahren wollte? Er hatte sie mit ernstem Gesicht angeschaut, ihr fest die Hand gehalten und gesagt: „Schön, dass Sie gekommen sind und uns besucht haben, Fräulein Schlüchter. Kommen Sie bald wieder.“

Dann hatte er sich abrupt herumgedreht und ohne ein weiteres Wort das Haus verlassen. Was mochte dem Mann dabei durch den Kopf gegangen sein? Doch nicht etwa, diese junge Emmentalerin wäre vielleicht …, könnte vielleicht …, sollte womöglich gar …?

Nein, es fiel der gelernten Hauspflegerin und Bäuerin Frieda Schlüchter nicht leicht, sich nach dem Erleben des Wochenendes vom Schweikhof und seinen lieben Menschen zu verabschieden. Ob sie wirklich einmal wieder hierherkam? Eher nicht, beschloss sie bei sich selbst. Aber mit gefalteten Händen im Hintergrund wollte sie wohl gerne mithelfen, dass es in der dunklen Trauer des Schweikhofes und seiner mutterlosen Familie möglichst bald etwas heller würde.

Der Brief

Lydia und die Zwillinge brachten ihren Besuch zum Bahnhof, wo sie mit dem freundlichen Bahn-Älpler noch einen Plausch halten konnten. Als dann das Bähnchen kam, gab es noch einmal einen herzlichen Abschied mit dem deutlich geäußerten Wunsch von Peter und Vroni, doch bald wiederzukommen.

Als sie dann im Zug in einer freien Abteilecke ihren Platz gefunden hatte und nach einer Weile mit geschlossenen Lidern die vergangenen Tage noch einmal Revue passieren ließ, sah die Heimreisende ihn plötzlich deutlich vor sich: Fritz Habegger, den Bauern im Außendienst für Kühlanlagen, den Besitzer eines stattlichen, ehrwürdigen Emmentalerhauses mit großem Baumbestand und gepflegtem Hof- und Gartengelände. Sie sah den sechsundvierzigjährigen gut aussehenden verwitweten Mann, den Vater von fünf Kindern, die man alle einfach lieb haben musste und von denen die Älteste ganz besondere Fürsorge brauchte. Mit großen bittenden Augen schaute der Mann sie an, streckte ihr beide Hände entgegen und sagte wiederholt mit großem Nachdruck: „Kommen Sie bald wieder! Kommen Sie wieder! Kommen Sie! Bitte!“

Frieda schreckte zusammen. Sie war doch tatsächlich eingeschlafen und hatte ähnlich geträumt wie in ihrer ersten Nacht auf dem Schweikhof. Aber das konnte es doch wohl nicht sein, dass ihr Besuch am Ende die Konsequenz hatte, auf dem Schweikhof …, als Ehefrau eines neunzehn Jahre älteren Mannes …, als Stiefmutter von fünf

Kindern ... Nein, das konnte Gott nicht von ihr erwarten!

„Weiß ich den Weg auch nicht, du weißt ihn wohl ...", ging ihr die Liedstrophe wieder durch den Sinn. Aber dieser Weg konnte es nicht sein! Durfte es nicht sein! Gott, du wirst einen anderen Weg für mich haben, einen, der sich aus meinen beiden Berufen und aus meinen privaten und persönlichen Wünschen als junge Frau zusammenfindet. Und, Vater im Himmel, du wirst um eine Lösung für die Habeggers wissen, in der ich nicht vorkomme.

In Friedas Kopf jagten sich jetzt die Gedanken, und sie mündeten immer wieder in einem „Nein, ich komme nicht auf den Schweikhof!" Zwar hatte sich das Bild dieses Mannes doch ... Ach was!, schalt sich die junge Frau. Treib diese Gedanken weit weg, Frieda Schlüchter, und versuch sie zu vergessen!

Der jungen Frau im Zugabteil kam dabei ein anderer Gedanke in den Sinn. Lydia hatte gestern beim Spaziergang ein paar Zeilen eines Gedichts zitiert, als sie zusammen auf der Bank gesessen und den stolzen Milanen am Himmel zugeschaut hatten. Den Text hatte sie sich merken wollen. Frieda überlegte eine Weile, und dann fiel er ihr wieder ein: „Flügel möchte ich besitzen, bis zum blauen Himmel dringen. Lieber Engel, schenk mir Schwingen", hatte Lydia ein wenig versonnen zitiert. Mit solchen Flügeln, hatte sie gemeint, könnte sie sich selbst aus der notvollen Situation auf dem Hof ..., könnte man von oben das Geschehen unten viel besser überschauen und verstehen ..., könnte Mathilde ihren behinderten Körper ..., könnte man dies und das ...

Ja, Flügel müsste man besitzen. Aber so einfach war es

nicht. Da schenkte kein Engel Schwingen, sagte sich die Reisende.

Ein paar Tage nach ihrer Rückkehr nach Bern fand Frieda einen Brief in ihrer Post. Die schöne Schrift auf dem Umschlag war ihr unbekannt. Als sie den Brief dann geöffnet hatte, musste sie sich setzen. Da war sie wieder, diese flehende Bitte des Schweikhof-Bauern, auch wenn sie in wenigen Worten auf einem großen Briefbogen nur versteckt ausgedrückt war: „Liebes Fräulein Frieda, nach vielen Wochen hat sich zum ersten Mal wieder ein Sonnenstrahl in unser Haus verirrt, das waren Sie! Mit lieben Grüßen, Ihr Fritz Habegger."

Was sollte das bedeuten? Dass ihr Besuch dem Bauern gutgetan hatte und dass der sich dafür noch einmal bedankte, mochte sie ja gerne anerkennen, und sie freute sich auch darüber. Aber mehr sollte der Mann doch bitte nicht von ihr erwarten! „*Ihr* Fritz Habegger"!?

Wie von selbst legten sich, wie so oft, Friedas Hände zum Gebet zusammen: „Weiß ich den Weg auch nicht, du weißt ihn wohl ..." Sie holte einmal tief Luft. Dann beschloss sie abzuwarten, dass Gott irgendwie auf ihr Gebet antwortete, wie er das vor Monaten schon einmal auf ihr ähnliches Gebet getan hatte ...

Sie hatte sich eine Zeit lang mit der schlimmen Eifersucht ihres damaligen Freundes geplagt. Der junge Mann hatte völlig unbegründet immer wieder ihre Liebe und Treue zu ihm infrage gestellt. Um Klarheit zu bekommen, hatte sie Gott um einen Hinweis und Weisheit gebeten, wie sie sich verhalten und entscheiden sollte. Daraufhin hatte sie im Kapitel 14 der Sprüche Salomos gelesen – wie sie gerade auf diese Stelle gelenkt worden war, wusste sie nicht mehr: „Wer geduldig ist, der ist weise; wer aber ungeduldig ist, offenbart seine Torheit. Ein gelassenes Herz ist des Leibes Leben; aber Eifersucht ist Eiter in den Gebeinen." Das war ihr damals Antwort auf ihr Gebet gewesen. Das Salomo-Wort hatte die Warnungen anderer Freunde deutlich bestätigt, dass krankhafte Eifersucht, wie der Freund sie an den Tag legte, keine gute Basis für eine Ehe sei.

Daraufhin hatte sie die Verlobung gelöst und sich von dem jungen Mann getrennt. Die Geschichte hatte ihr dann auch nicht weiter Mühe gemacht, weder nach innen noch nach außen. Für sie ein Zeichen dafür, dass sie es richtig gemacht hatte.

Ob Gott ihr in ihrer jetzigen Lage und Frage in ähnlicher Weise mit einem Bibelwort antwortete? Oder ob er durch ein anderes Zeichen reagierte? „Dein Plan ist fertig schon und liegt bereit." So hatte Hedwig von Redern ihr Gottvertrauen in Worte gefasst. So wollte sie, Frieda Schlüchter, auch vertrauen und abwarten, dabei wachsam sein und im Gebet bleiben, wo vielleicht ein Blick in Gottes Plan möglich war.

Einige Wochen später kam wieder Post vom Schweikhof. Fritz Habegger teilte mit, dass er zu einem bestimmten Termin bei der Militärbehörde in Bern zu tun habe. Dabei ginge es um seinen Übertritt als Wachtmeister von der Landwehr in den Landsturm, der irgendwann demnächst anstünde. Er könne sich nach Mittag ein paar Stunden Zeit gönnen und würde sich über eine Begegnung mit ihr sehr freuen. Sie möge ihm doch bitte eine kurze Antwort zukommen lassen, damit er planen könne.

Frieda registrierte an sich selbst, dass ihr die Bitte überhaupt nicht befremdlich erschien oder gar ärgerlich war. Wenn sie ehrlich war, ließen seine Zeilen ihr Herz sogar ein wenig höherschlagen. Was war das? Vielleicht hatte sie ja doch bereits eine gewisse Empfindung für diesen Mann? Ging es hier sogar um ein himmlisches Signal, um das sie immer wieder betete? Postwendend gab sie die Antwort, dass sie sich eine Begegnung vorstellen könne. Sie werde sich für den Nachmittag freinehmen und zur angegebenen Zeit am angegebenen Ort sein.

Durch die kleine Unterführung des Zeitglockenturms betrat Frieda Schlüchter rechtzeitig die historische Kramgasse in der Altstadt von Bern, wo Fritz Habegger am verabredeten Platz auf sie warten wollte. Der Witwer stand auch bereits am bekannten Zähringerbrunnen, der an Herzog Berthold V. von Zähringen und an seine Gründung der Stadt auf der Höhe in der Aare-Schleife im Jahr 1191 n. Chr. erinnerte.

Kaum hatte der Emmentaler Bauer die junge Frau unter den Passanten entdeckt, kam er ihr auch schon mit raschen Schritten entgegen. Auf seinem Gesicht lag ein frohes Lächeln und fast schien es, als wollte er sie mit beiden Armen zur Begrüßung umarmen. Frieda erschrak ein wenig bei dem Gedanken, er könnte es tatsächlich tun. Dabei wäre ihr das – zugegeben – nicht einmal unlieb oder gar peinlich gewesen.

Aber Fritz Habegger war ein kluger, anständiger Mann. So weit zu gehen, gebührte sich nicht, zumindest noch nicht. Er konnte ja auch gar nicht wissen, welche Rolle er bereits in Friedas Gedanken und Gefühlen seit jenem

Septemberwochenende und seit seinen ersten Zeilen spielte. So begrüßte er Frieda nur herzlich mit einem warmen Händedruck und lud sie ein, mit ihm bei Kaffee und Kuchen die nächsten Stunden zu verbringen. Drüben in der Nähe des Käfigturms kenne er ein kleines Café. Er freue sich sehr über die Begegnung, und sie sei selbstverständlich sein Gast.

Auf dem Weg durch die westliche Kramgasse – am Zeitglockenturm vorbei – und dann weiter durch die Marktgasse gingen die beiden Menschen schweigend nebeneinander her. Sie hingen wohl ihren Gedanken nach, was sie im Café denn miteinander reden sollten und wie es nach diesem Treffen wohl mit ihnen weiterginge.

Nach kurzem Weg hatten sie ihr Ziel erreicht. Sie hängten ihre Mäntel an die Garderobe und setzten sich an einen Fenstertisch einander gegenüber.

Beide Menschen wirkten ein wenig verlegen. Wer sollte jetzt das Gespräch beginnen? Wer hatte wem was zu sagen? Als nach einigen Minuten dann der dampfende Milchkaffee und ein großes Stück Sahnetorte vor ihnen standen und beide jeder für sich ein Tischgebet gesprochen hatten, beendete der Bauer endlich das Schweigen. Er erzählte, dass Lydia eine neue Lehrstelle habe antreten können und dass Doris aus dem Dorf jetzt auf dem Hof sei. Diese junge Frau habe vor Jahren bei seiner Frau Emilie eine Haushaltslehre gemacht. Ihr Kommen sei ein großes Glück für alle, besonders für Mathilde. Weil sie einander schon kannten und sie in allem Bescheid wisse, kämen sie gut miteinander zurecht. Aber eine Dauerlösung sei das nicht. Doris sei ein liebenswerter Mensch und eine sehr gute Hilfe, doch in sein Haus gehöre bald wieder ein

Mensch, der seinen Kindern eine gute Mutter sein könne und ihm die Ehefrau, ein „Sonnenstrahl“ halt.

Das war deutlich gesagt! Frieda verstand sofort, und sie wagte einen Einwand: „Aber, Herr Habegger, Ihre Frau ist doch erst vor ein paar Monaten ...“

„Das ist richtig. Ich weiß, was Sie mir sagen wollen. Das Trauerjahr möchte ich auch wohl beachten und einhalten. Das bin ich meiner Emilie schuldig. Aber das heißt doch nicht, dass ich mich nicht vorher bereits nach einem Sonnenstrahl umschaue, der Licht und Wärme ins Haus bringt.“

Frieda sah ihn an.

„Halten Sie das für verwerflich, Fräulein Frieda? – Könnten wir einander nicht Du sagen?“, fragte er plötzlich und schaute ihr mit einem bittenden Blick in die Augen.

Sie nickte. „Also gut, Fritz und Frieda“, bestätigte sie.

„Ich muss dir jetzt etwas Wichtiges erzählen“, fuhr er fort. „Emilie hat mir kurz vor ihrem Tod mit großem Ernst und unter Tränen gesagt, ich müsse dann bald wieder heiraten, damit die Kinder wieder eine Mutter hätten, und sie glaube, dass Gott mir diese Frau zeigen werde.“ Fritz Habegger brach ab. Seine Stimme wollte nicht recht, und er musste ein paarmal schlucken. Nach einem tiefen Seufzer fuhr er fort: „Ich habe Emilies Worte noch im Ohr. Mir hat das damals sehr wehgetan, denn meine Frau war ja noch da, und Gott hätte doch auch noch ein Wunder tun können. Ich habe bis zuletzt gebetet und auf ein Wunder gehofft. Sie glaubte aber nicht mehr an eine Genesung, sondern wusste sich auf ihrer letzten irdischen Wegstrecke. Und wohl deshalb sagte sie mehrfach sehr bestimmt: ‚Vielleicht hat Gott längst irgendwo jemanden bereit, der zu dir kommen und den Kindern eine gute Mutter sein wird.'" Bei diesen Worten blickte der Witwer die junge Frau auf der anderen Tischseite wieder so traurig fragend und bittend an.

Frieda Schlüchter verstand diesen Blick nur zu gut. Aber sie brauchte eine Weile, um zu antworten. Auch ihr saß ein Kloß im Hals. Schließlich erwiderte sie leise: „Ich weiß nicht."

Jetzt war es der Schweikhof-Bauer, der eine Weile brauchte, bis er schließlich antwortete: „Als du, Frieda, damals zu Lydia zu Besuch auf den Hof kamst, hatte ich von der ersten Sekunde an, vom ersten Blick an den starken Eindruck: Gott antwortet auf Emilies Gebet! Das ist sie, die Frau, die Gott für mich bereit hat! Dann spürte ich: Die Kinder haben sie ja bereits angenommen. Denk an Mathildes Abschiedswort, Frieda: ‚Du bist lieb.'

Frieda, ich hätte dich schon damals am liebsten gar nicht wieder gehen lassen." Fritz Habegger unterbrach sich wieder und griff nach ihren Händen. Nach einigen Schweigemomenten fügte er hinzu: „Zu einer solchen Sache gehören freilich immer zwei. Und du konntest von meiner Situation ja gar nichts wissen und von meinen Gedanken dann erst recht nichts."

„Nein, Fritz", bestätigte Frieda, „ich wusste wirklich nichts von dem, was ich damals antraf. Lydia hatte mich vorher nicht in die Verhältnisse eingeweiht."

Die junge Frau holte ein paarmal tief Luft. „Ich bin für dich und für deine Familie zu jung, Fritz Habegger."

„Du wolltest wohl sagen, dass ich für dich zu alt bin!?", entgegnete der Mann. „Aber spielt das Alter eine Rolle, wenn das Herz spricht?"

„Aber wir kennen uns doch bisher gar nicht. Weißt du überhaupt, wer ich bin? Auf wen du dich einlassen möchtest? Und weiß ich, wer der Schweikhof-Bauer ist? Weiß ich, auf wen ich mich einlassen müsste?“

„Diesem Mangel lässt sich doch wohl abhelfen“, gab Fritz zurück. „Auch wenn die Zeit hier wie im Flug vergeht – eine Stunde bleibt uns noch, dass der eine vom anderen wenigstens ein wenig erfährt. Darf ich mich zuvor für einen Moment entschuldigen? Auf dem Weg über den Flur bestelle ich uns bei der Bedienung noch einen Kaffee. Ist das recht?“

Frieda war es recht, zunächst für ein paar Minuten allein zu sein und später noch einen Kaffee zu trinken. Sie musste erst ihre Gedanken ordnen, ehe das Gespräch die von Fritz Habegger angegebene Richtung nehmen würde. Zugegeben, die Nähe dieses Mannes tat ihr wohl. Aber das Alter? Sie wurde in wenigen Tagen doch gerade mal siebenundzwanzig, und er war sechsundvierzig! Und dann gleich fünf Kinder dazu, von denen das älteste behindert ist? Sie wollte doch einmal eigene Kinder haben und nicht lediglich Stiefmutter sein. Nein, nicht Stiefmutter! Stiefmuttergeschichten, wie sie sie aus der Welt der Märchen kannte, hatten sie oft erschreckt. Diese Frauen waren immer böse. Mutter sein wollte sie wohl. Aber keine Stiefmutter!

Die junge Frau beschloss, mal noch nicht zu viel von sich selbst preiszugeben. Das Pflänzchen der Zuneigung, wie es in ihr zu wachsen begonnen hatte, war noch längst nicht so üppig gewachsen wie das Pflänzchen der Liebe, das bei dem Mann offenbar bereits eine ansehnliche Größe hatte. Liebe auf den ersten Blick!? Bei ihm war das wohl so, bei ihr dann doch eher nicht. Sie brauchte noch Zeit, um das erwidern zu können, was den Witwer aus dem Emmental bereits erfüllte. Wenn sie es denn überhaupt erwidern konnte und wollte.

Fritz Habegger holte sie aus ihren Gedanken in die Wirklichkeit dieses Spätherbstnachmittags zurück. „Der Kaffee kommt gleich, Frieda, und dann können wir weiterreden und erzählen. Können wir?“ Der Mann wirkte recht aufgeräumt. Der hatte offensichtlich Hoffnung für die Zukunft.

Als die beiden Menschen sich später auf dem Bahnhofsplatz voneinander verabschiedeten, wussten sie noch nicht viel Neues voneinander. Sie waren im regen Gespräch auf alles Mögliche und dabei vom Hölzchen aufs Stöckchen gekommen. Am Ende hatten sie einander aber zugesagt, im Kontakt zu bleiben.

Nach der Jahreswende sei ein neuer Termin bei der Eidgenössischen Militärbehörde fällig, wusste Fritz Habegger. Er werde sich jedenfalls rechtzeitig melden und freue sich schon auf die nächste Begegnung. Im Übrigen sei sie jederzeit auf dem Schweikhof willkommen.

Seine Kinder würden sich sicher freuen, und er natürlich auch.

In den Wochen des Spätherbstes und des Winters ging eine große Zahl von Briefen zwischen Weier und Bern hin und her. Es gab auch ein paar persönliche Begegnungen in Bern. So kamen sich die beiden altersmäßig so ungleichen Menschen näher. Während Fritz Habegger sich des guten Ausgangs dieses Kennenlern-Prozesses mehr und mehr sicher wurde, blieb Frieda Schlüchter unsicher. Vielleicht hörte sie auch auf zu viele Stimmen, die ihr abrieten, sich auf das Abenteuer „älterer Witwer mit fünf Kindern" einzulassen. „Weiß ich den Weg auch nicht …", ging es ihr durch den Sinn, und „Flügel möchte ich besitzen …", um von oben den größeren Überblick über die Dinge zu haben.

Weihnachten 1958, als Frieda wieder auf dem Schweikhof zu Besuch war, gab sie Fritz endlich das ersehnte Jawort. Sie nahmen sich vor, sich Ostern zu verloben und am Ende des Trauerjahrs zu heiraten.

Kurz bevor sie die Ringe kaufen wollten, hatte Frieda eine furchtbare Nacht. Was war das nur, das sie plötzlich wieder so unsicher machte?

Sie hatte Angst. Angst, dass sie der großen Aufgabe nicht gerecht werden könnte.

In der Nacht schlief sie kaum. Ihr wurde bewusst, dass es nach dem Ringekauf kein Zurück mehr geben würde – wenn, dann musste sie jetzt noch aus der Schlinge schlüpfen.

Der Morgen kam. Wie sollte sie es Fritz sagen?

Sie begegnete ihm kühl, beinahe abweisend, und offenbarte ihm mit dürren Worten: Nach vielen Kämpfen sei sie doch nicht in der Lage, den besprochenen Weg mit ihm zu gehen. Es tue ihr leid, aber sie könne einfach nicht anders.

Die junge Frau hatte lange keinen Mann weinen sehen, aber diesen starken Mann brachte sie durch ihr Nein dazu, die Fassung zu verlieren. Der so unerwartet Abgewiesene hatte seine Gefühle nicht mehr in der Gewalt. Er stieg, nachdem er diese böse Nachricht endlich begriffen hatte, in sein Auto. Der Schock über Friedas rigoroses Nein hatte ihm die Sprache verschlagen. Sie stand wortlos neben dem Wagen. Er schaute sie nur aus verschleierten Augen mit einem tieftraurigen Blick an, wandte sich dann abrupt um, begrub den Kopf auf dem Steuerrad in seinen Armen und weinte. Dann ließ er den Motor an und fuhr davon.

Zurück blieb eine junge Frau, der dann allerdings auch die Tränen über das Gesicht rannen, während sie dem davonfahrenden Mann hinterherschaute. Was war da nur soeben passiert? Was hatte sie da eigentlich gemacht? Frieda wusste es selbst nicht. Sie fragte sich nach dieser Geschichte immer wieder, was nur in sie gefahren war. Eine wirkliche, plausible Begründung für ihre Haltung hatte sie doch gar nicht. Sie liebte diesen Mann doch inzwischen wirklich. Und seine Kinder hatte sie bereits damals beim ersten Besuch auf dem Schweikhof in ihr Herz geschlossen. Daran hatte sich doch auch nichts geändert. Was war also mit ihr los? Hatte sie sich nicht gerade ihre Zukunft verbaut und auch die dieses Mannes und seiner Familie?

Frieda war verzweifelt. Ein Gespräch mit ihrer Vorgesetzten am nächsten Tag verschaffte ihr keine Beruhigung. Es vergrößerte nur ihre Unsicherheit und brachte ihr den Vorschlag ein, einen gewissen Dr. Müller aufzusuchen. Der Mann sei ein erfahrener Eheberater. Auf den könne sie hören.

Die junge Frau befolgte den Rat – und bereute es bald. Dr. Müller, ein sympathischer und gut aussehender Mittfünfziger, hatte seine Antwort schnell parat: Neunzehn Jahre Altersunterschied seien zu viel. Eine solche Verbindung sei schon deshalb von vornherein zum Scheitern verurteilt. Sie könne einfach nicht gut gehen. Und dann seien da die Kinder, vor allem die behinderte Tochter. Und es ließe sich ja auch nicht ausschließen, dass noch weitere Kinder dazukämen.

Also, wenn er raten solle – darum habe sie ihn ja schließlich gebeten –, dann könne er nur abraten. Sie, die Fragestellerin, wolle doch nicht für solch eine schwierige Beziehung ihren Beruf und die Freude an ihrer bisherigen Arbeit drangeben. Sie wolle sich doch nicht selbst ihre Zukunft verbauen. Für sie, bei ihrer Anmut und bei ihrem liebevollen Wesen, gebe es unter den Schweizer Männern ihrer Altersgruppe sicher etliche, unter denen sie wählen könne, um mit einem Gleichaltrigen ein gemeinsames Leben aufzubauen, mit ihm Kinder zu haben und glücklich zu werden. Das sei doch in jedem Fall viel besser als das Abenteuer „älterer Witwer mit fünf Kindern".

Nach ihrem Besuch bei Dr. Müller war Frieda Schlüchter noch mehr hin und her gerissen als zuvor. Die Folgen ihrer Angst und Unsicherheit bekam Fritz Habegger zu spüren.

Frieda verzweifelte beinahe an sich selbst. Wie nur sollte und konnte es jetzt weitergehen? Musste hier nicht ein Höherer tätig werden und sie deutlich davon überzeugen, dass sie einen großen Fehler gemacht hatte? Es war wohl so: Wenn Gott hier nicht selbst klärend in die verfahrene Situation eingriff, dann verbaute sie sich endgültig den Weg in die Ehe- und Lebensgemeinschaft mit Fritz Habegger, die sie sich doch gewünscht hatte.

In dieser Nacht schrieben sie beide dem anderen einen Brief, in einem letzten Versuch, die gemeinsame Zukunft zu retten. Fritz beschwor sie, an ihre eigenen Worte zu denken. Sie liebe ihn doch und er habe ihr so oft seine tiefe Liebe versichert. Es könne doch nicht sein, dass dies alles nun nicht mehr gelte. Er erinnerte sie daran, dass er ihr immer wieder gesagt habe: „Du musst keine Angst haben, es wird alles, alles gut."

Er wisse auch, dass ihr seine Kinder ans Herz gewachsen seien und dass sie darauf warteten, dass sie für immer auf den Schweikhof käme. Er sei immer noch davon überzeugt, dass sie, Frieda, die Antwort auf die Gebete seiner verstorbenen Emilie sei …

Frieda musste den Brief mehrfach lesen, um ihn recht aufzunehmen. Dabei liefen ihr die Tränen übers Gesicht. Sollte Fritz recht haben? „Du weißt, woher der Wind so stürmisch weht …", betete sie unter Tränen das Gebet der Hedwig von Redern und fügte an: „Herr, gebiete diesem Sturm, wie du dem Sturm auf dem See geboten hast. Du bist doch der Sieger über allem und alles! Bitte, Herr, mach mich still und zeige mir deinen Weg!"

Wie von einer fremden Hand gelenkt, griff Frieda nach ihrer Bibel und schlug sie irgendwo auf. Dabei landete sie wie zufällig im ersten Kapitel des Jakobusbriefes. Sie wischte sich die letzten Tränen aus den Augen und las dann ganz erstaunt die Worte der Verse 5 bis 7, die sie unmittelbar ins Herz trafen:

„Wenn es aber jemandem unter euch an Weisheit mangelt, so bitte er Gott, der jedermann gern gibt und niemanden schilt; so wird sie ihm gegeben werden. Er bitte aber im Glauben und zweifle nicht; denn wer zweifelt, der gleicht einer Meereswoge, die vom Winde getrieben und bewegt wird."

Die unglückliche junge Frau las die Verse noch einmal und dann ein drittes Mal. Dann holte sie ein paarmal tief Luft und schloss für einige Momente die Augen, um die

Aussagen des Apostels auf sich wirken zu lassen. Und die wenigen Worte wirkten tatsächlich.

Frieda fiel es wie Schuppen von den Augen. Plötzlich sah sie ihren Weg wieder deutlich und klar vor sich: Nein, sie wollte sich nicht länger gegen Gottes Weisung stellen, nicht länger ihre eigene Zerrissenheit pflegen und damit einer menschlichen Meereswoge gleichen, die von Winden ihrer eigenen Gefühle und Gedanken hin und her getrieben wurde. Nein, sie wollte sich nicht länger dem entziehen, was sie jetzt deutlich vor sich sah: Es war Gottes Auftrag, der sie auf den Schweikhof führte, zu diesem Mann, dem ihre Liebe gehörte, und zu den Kindern, die ihre mütterliche Zuwendung brauchten. Darin wollte sie jetzt fest und gewiss sein. Auch darin, dass Gott diesen Weg segnete und ihr die Weisheit zum Gelingen schenken würde.

Diese Wendung der Dinge erfüllte die junge Frau mit einem Glücksgefühl. Langsam fielen Spannung und Beschwernis von ihr ab. Endlich fühlte sie sich frei. Sie dankte Gott aus tiefstem Herzen dafür, dass er ihr die Augen geöffnet hatte und sie ihren Weg jetzt klar vor sich sah. Sofort kam ihr auch ihr Lieblingslied wieder in den Sinn:

Weiß ich den Weg auch nicht, du weißt ihn wohl;
das macht die Seele still und friedevoll.
Ist's doch umsonst, dass ich mich sorgend müh,
dass ängstlich schlägt das Herz, sei's spät, sei's früh …

Du weißt, woher der Wind so stürmisch weht,
und du gebietest ihm, kommst nie zu spät;
drum dank ich dir, dein Wort ist ohne Trug:
du weißt den Weg für mich, das ist genug.

Frieda wusste sofort, was sie jetzt tun würde: Als Erstes würde sie jetzt Fritz anrufen …

In aller Stille feierten sie Ostern ihre Verlobung. Fritz hatte keine Eltern mehr, keine Geschwister und auch sonst keine große weitere Verwandtschaft. Die zahlreiche und zum Teil weit im Land verstreute Schlüchtersippe – Frieda war das dritte Kind ihrer Eltern von insgesamt elf – nahm herzlich Anteil daran, dass die beiden ungleichen Menschen sich im Angesicht des himmlischen Vaters und auch vor irdischen Zeugen versprochen hatten, für ihr weiteres Leben füreinander da zu sein und Freud und Leid und alles miteinander zu teilen.

Der Segen ihres gemeinsamen Herrn und Gottes wurde ihnen vielfach mündlich und schriftlich zugesprochen und sollte sie auf einem hoffentlich langen gemeinsamen Weg begleiten. Den legten die beiden glücklichen Menschen gerne in die Hände dessen, von dem sie auch bei ihrer Verlobung in gemeinsamer Überzeugung sangen:

„*… Du weißt den Weg ja doch, du weißt die Zeit.*
Dein Plan ist fertig schon und liegt bereit.
Ich preise dich für deiner Liebe Macht.
Ich rühm die Gnade, die mir Heil gebracht …“

Peugeot küsst Renault küsst Borgward

Die drei Monate bis zum vereinbarten Hochzeitstermin im Juli wurden eine aufregende Zeit. Sooft sie von ihrer eigenen Arbeit her die Gelegenheit hatte, fuhr Frieda mit der Bahn hinauf ins Emmental, um den Schweikhof genauer zu erkunden, wie sie es für ihre Zukunft an diesem Ort für nötig hielt. Auch wollte sie die Gepflogenheiten der Habegger-Familie näher kennenlernen. Wenn sie demnächst für immer dort oben einziehen würde, wollte sie doch vorbereitet sein und sich auskennen. Gerne wollte sie auch ihrem künftigen Ehemann noch näherkommen und ebenso seinen Kindern, besonders der kranken Mathilde, die sie von den Kindern wohl am meisten fordern würde.

Fritz Habegger machte seiner Verlobten das Einleben so leicht, wie er nur konnte, war er doch bis über beide Ohren verliebt und einfach nur glücklich über den Fortgang der Dinge für ihn selbst, für seine Fünf und für den ganzen Schweikhof. Er las seiner geliebten Frieda jeden Wunsch von den Augen ab und verbrachte so viel Zeit mit ihr, wie es ihm eben möglich war. Die Hauptarbeit im Haus blieb ohnehin zunächst noch in den Händen von Doris, der bäuerlichen Haushalts- und Familienhilfe. Die würde so lange bleiben, wie die neue Hausfrau noch nicht eingezogen war.

Die Kinder begegneten ihrer künftigen Mutter lieb und offen. Und Mathilde nahm Frieda vom ersten Moment an mit offenem Herzen auf. Sie brauchte mit ihrer schweren körperlichen Behinderung notwendigerweise mehr Zuwendung und Fürsorge als die anderen.

Je weiter die Zeit vorrückte und je häufiger Frieda das Wochenende auf dem Schweikhof verbrachte, desto näher kamen sich auch Ruth und sie. Ruth war ja meist nur am Samstag und Sonntag zu Hause, weil sie die Woche über am Lehrerinnenseminar in Bern studierte.

Mit jedem Besuch im Emmental wuchs Friedas Zuversicht im Blick auf ihre Aufgaben als Frau des geliebten Mannes und als Mutter seiner Kinder. Ihre heimlichen Ängste, sie würde zur Stiefmutter nach dem verhassten Märchenmuster, schwanden bald. Nein, Züge einer bösen Stiefmutter waren in ihr nicht angelegt. Die Zukunft deutete sich hoffnungsvoll an. Die Bewohner des Schweikhofes empfanden das genauso, wie sie das immer wieder durch kleine Liebeszeichen deutlich machten. Fritz sehnte den 25. Juli herbei. Wenn dieser besondere Tag doch nur bald käme …

Einmal gab es in den Wochen der Vorbereitung auf diesen Tag hin allerdings noch eine kritische Begebenheit. Fritz Habegger begann bald nach der Verlobung, seiner Liebsten Fahrstunden zu geben. Frieda sollte das Autofahren lernen. Das sei gut und wichtig für ihr späteres Leben mit allen seinen Aufgaben, die auch immer wieder mit Unterwegssein verbunden seien.

Aber Fritz war alles andere als ein geduldiger Fahrlehrer. Oder war seine Liebste vielleicht eine ungelehrige Schülerin, auch wenn sie sich alle Mühe gab? Jedenfalls zeigte sich bald, dass dieser Weg, Fahrtüchtigkeit zu vermitteln, nicht geeignet war, die Liebe zwischen den beiden Verlobten zu vertiefen. Im Gegenteil, die Fahrstunden auf den Feldwegen in der Flur rund um den Schweikhof begannen eher, die Beziehung zu belasten. Frieda würgte in dem hügeligen Gelände immer wieder den Motor ab, schaltete zu früh oder zu spät, setzte den Blinker auf der falschen Seite, bremste viel zu früh oder zu scharf, fuhr zu weit in der Mitte oder zu dicht am Rand ... Sie machte es ihrem „Fahrlehrer“ einfach nicht recht, und je mehr der kritisierte, desto mehr machte die „Fahrschülerin“ falsch.

So entschlossen sich die beiden, die privaten Übungsfahrten einzustellen und doch lieber Frieda einer richtigen Fahrschule anzuvertrauen. Auf dem amtlichen Weg den Führerschein zu erwerben, war ihrer Beziehung wohl doch zuträglicher.

So geschah es dann auch, und Frieda nannte schon wenige Wochen später und nach nur wenigen offiziellen Fahrstunden den amtlichen Führerschein ihr Eigen. Das vorherige Training mit ihrem Fritz hatte sich dann also doch gelohnt.

Damit seine Verlobte nun Fahrpraxis gewänne, kaufte Fritz ihr einen alten grauen Peugeot mit einem Aufkleber auf dem Heck: „Lach nur! Auch du wirst einmal alt!“ Nicht gerade ein Schmuckstück, aber ein fahrtüchtiges Vehikel, das seinen Aufkleber zu Recht trug und damit in der Tat immer wieder einmal jemanden zum Schmunzeln oder gar zum Lachen brachte.

Das Fahrzeug machte Frieda künftig unabhängig von der Bahn zwischen Bern und Weier, und es war auch für andere Fahrten durchaus nützlich. Wenn es irgendwann irgendwo aus irgendeinem Grund eine Beule davontrug, sollte das wohl nicht schlimm sein. Altes Blech war eben altes Blech. Und altes verbeultes Blech ließ sich notfalls mit dem Hammer bearbeiten.

Frieda freute sich wie eine Schneekönigin über das Geschenk und versprach, sehr vorsichtig und pfleglich damit umzugehen. Sie fuhr auch wirklich sehr wachsam und vorsichtig. Dennoch – es gab ja auch noch andere Menschen mit ihren Fahrzeugen auf den Straßen des Berner Unterlandes und der angrenzenden Regionen. Gerade dort sollte es sich schon bald erweisen, ob es nun schlimm war oder nicht, wenn der gute alte Peugeot Schaden nahm.

„Wenn du ja jetzt die offizielle Fahrerlaubnis hast, Frieda, kannst du mich dann nicht morgen nach Murten fahren?" Die so fragte, war Annegrete, eine junge Frau aus Fritz Habeggers Verwandtschaft, die an einem Sonntagabend Ende Mai zu einem kurzen Besuch auf dem Schweikhof auftauchte. „Ich muss nach dort zu einer Fortbildungswoche und habe eine Menge Zeugs mitzunehmen. Ich könnte mir die Fahrt erleichtern und das Umsteigen mit dem Gepäck sparen, wenn du …"

Frieda nahm die Frage sofort begeistert auf. „Ich hab morgen frei. Wenn ich hier im Haus entbehrlich bin und du dich meinen schwachen Fahrkünsten anvertraust, mache ich das gerne, Annegrete."

„Sicher bist du hier entbehrlich", griff Fritz den Gedanken sofort auf. „Wir kommen schon noch einmal ohne dich zurecht, meine Liebe. Ob ich es ohne dich einen ganzen Tag aushalte, ist eine ganz andere Frage."

„Und du glaubst, dass ich das im Montagsverkehr schaffe, mein lieber Fritz?", fragte Frieda mit einem leichten Unterton zurück.

Fritz hatte verstanden und antwortete: „Du hast deine Fahrprüfung auf Anhieb und mit Bravour bestanden. Also bist du auch für den Montagsverkehr fahrtüchtig genug, mein liebes Friedali. Die Strecke bis an den Lac de Morat wirst du schon erfolgreich bewältigen. Wann soll es losgehen, Annegrete?"

„Von mir aus kann Frieda mich gleich nach dem Aufstehen abholen. Dann hat sie auch den Tag vor sich."

„Das ist gut so", bestätigte Frieda. „Schauen wir zur Orientierung auf die Karte?"

„Ich gehe und hole eine. Schauen wir gemeinsam, wie ihr fahren müsst. Nicht dass ihr die falsche Richtung nehmt und am Ende in Paris landet", feixte Fritz und verließ für einen Augenblick den Raum.

Momente später beugten sich die drei Menschen über die Straßenkarte und schauten gemeinsam, wie Frieda denn zu fahren hatte. „Schau, mein Liebes, du fährst hinter Burgdorf auf die Bundesstraße 1, durchfährst auf der 1 unsere Hauptstadt und bleibst auf dieser Straße bis Murten. Einfacher geht es ja wohl nicht."

„Wenn du nichts dagegen hast, mein Lieber, komme ich für den Rest des Tages nicht mehr herauf, sondern bleibe in Bern", wandte Frieda ein.

„Auch gut", gestand Fritz zu. „Dann sehen wir uns also erst später wieder. Ich werde es überstehen."

In den folgenden Minuten ging es zwischen den drei Menschen noch um dies und das. Dabei war Frieda allerdings nicht recht bei der Sache. Sie hatte nämlich beim Blick in die Karte gesehen, dass die Bundesstraße 1 weiterführte nach Lausanne und dass es einige Kilometer vor dieser Stadt eine Querverbindung hinüber nach Montreux gab. Dort lebte ihre Schwester. Einmal unterwegs könnte sie Maria auf der Tour doch besuchen. Das gäbe eine Überraschung! Und wohnte an der Strecke zurück nach Bern nicht auch noch eine Kollegin aus ihrer Zeit in Münchenbuchsee? Die könnte sie doch vielleicht auch noch … Selbst wenn sie einen kleinen Umweg nehmen müsste, der würde sich auf jeden Fall lohnen.

Früh am nächsten Morgen machte sich Frieda mit ihrem grauen Peugeot auf die Reise, holte Annegrete vor ihrem Zuhause ab und war dann mit ihr fröhlich unterwegs. Das sollte ein schöner Tag werden! Kein Wölkchen am Himmel, dafür umso mehr Sonne. Draußen herrliche Natur in allen Farben, die der ausgehende Mai auf Wiesen und Feldern, in den Gärten, vor den Fenstern und an den Balkonen zu bieten hatte. Schade, dass der Vogelgesang von draußen im Auto nicht zu hören war. Irgendwann begann Annegrete selbst zu singen, und Frieda stimmte sofort mit ein. Beide hatten das schöne Lied von Martha Müller-Zitzke irgendwann auswendig gelernt:

Auf, Seele, Gott zu loben! / Gar herrlich steht sein Haus!
Er spannt den Himmel droben / gleich einem Teppich aus.
Er fährt auf Wolkenwagen, / und Flammen sind sein Kleid.
Windfittiche ihn tragen, / zu Diensten ihm bereit …

Vom Tau die Gräser blinken, / im Wald die Quelle quillt,

daraus die Tiere trinken, / die Vögel und das Wild.
Die Vögel in den Zweigen / lobsingen ihm in Ruh,
und alle Bäume neigen / ihm ihre Früchte zu …

Lass dir das Lied gefallen. / Mein Herz in Freuden steht.
Dein Loblied soll erschallen, / solang mein Odem geht.
Du tilgst des Sünders Fehle / und bist mit Gnade nah.
Lob Gott, o meine Seele, / sing ihm Halleluja!

Das etwa hundert Jahre ältere Schöpfungs-Loblied des Pfarrers und Liederdichters Philipp Spitta kannten sie ebenso auswendig:

Freuet euch der schönen Erde,
denn sie ist wohl wert der Freud …

So hatten die beiden Reisenden das Städtchen am Lac de Morat plaudernd und singend bald erreicht. Frieda ließ Annegrete an ihrem Zielort aussteigen, half ihr noch, das umfangreiche Gepäck in ihr Quartier zu bringen, und begab sich dann wieder – mit guten Wünschen für eine sichere Weiterfahrt versehen – auf die Straße, die sie weiter in Richtung Genfer See bringen sollte. Der Verkehr war ihr auch jetzt gnädig. Der alte Peugeot rollte gut, und Frieda war weiter fröhlich unterwegs: „Geh aus, mein Herz, und suche Freud …“ Selbst die fünfzehn Strophen dieses schönen Paul-Gerhardt-Liedes in der richtigen Reihenfolge auswendig gesungen waren ihr kein Problem. Auch manch anderes Lied kam ihr in den Sinn und über die Lippen, das den Schöpfer und seine herrliche Welt besang.

Bald hatte die Fahrerin Moudon erreicht, wo sie die Bundesstraße verließ, um nach einer weiteren knappen Stunde quer über Land Montreux zu erreichen. Nach einigem Nachfragen und Suchen fand sie das Haus ihrer Schwester, der vor Überraschung der Mund offen stand. Mit diesem Besuch hatte Maria wahrlich nicht gerechnet. Allerdings konnte sie ihren Mund ohnehin nur schlecht schließen. Ihre Zähne machten Probleme, weshalb sie eigentlich schon unterwegs sein wollte zu ihrem Zahnarzt im sieben Kilometer entfernten Vevey.

„Da bin ich ja vor zehn Minuten erst durchgekommen“, meinte Frieda. „Ich fahr dich hin, Schwesterchen. So kannst du dir den Bus sparen, und wir sind doch noch für eine gute Weile zusammen und können plaudern.“

Gesagt, getan. Frieda brachte ihre Schwester zu ihrem Zahnarzt, blieb bei ihr, bis sie an die Reihe kam, und machte sich dann wieder auf den Weg nach Hause. Vorher erkundigte sie sich an einer Tankstelle nach Krichenwil, dem Ort, wo sie ihre Kollegin wusste. Der lag wenige Kilometer nördlich von Fribourg unweit der Bundesstraße 12, die ohnehin von hier aus den direkten Weg nach Bern ausmachte. Also, warum nicht tatsächlich die zweite Überraschung vollbringen und bis dahin bei dem immer noch strahlenden Wetter wieder fröhlich auf der Reise sein?

Nachdem Frieda Fribourg hinter sich gelassen hatte, erkundigte sie sich noch einmal nach ihrem nächsten Ziel Krichenwil. Sie erfuhr dabei, dass sie die Bundesstraße schon früher hätte verlassen können und sie jetzt einen Umweg in Kauf nehmen müsse. Sie könne das gesuchte Dorf aber auch auf kürzerer Strecke über eine gute Flurstraße durch die Feldregion erreichen.

Warum einen Umweg fahren, wenn das nicht nötig war, ging es Frieda durch den Sinn. Also verließ sie an der angegebenen Abzweigung die Hauptstraße und fuhr durch die Felder dem Ort zu, dessen Häuser jenseits üppig stehender noch grüner Getreidefelder bald erkennbar waren. Und dann passierte es.

Plötzlich war das andere Auto da. Wenige Meter vor den ersten Häusern von Krichenwil kam es in einer leichten Rechtskurve dem Peugeot unvermittelt entgegen, und weder dessen Fahrerin noch Frieda konnte ausweichen! Mit Wucht auf die Bremse steigen half auch nichts mehr. Die Reifen beider Fahrzeuge quietschten zwar entsetzlich, aber der Zusammenstoß war nicht mehr zu verhindern. Blech und Glas verursachten beim Aufeinanderprallen ein grässliches Geräusch, und dann folgte für ein paar Schrecksekunden eine ebenso grässliche Stille. Kein Surren eines Motors, kein Fahrgeräusch, nur schockartige Stille. Was war hier eigentlich passiert?

Frieda und die Frau im anderen Auto stiegen gleichzeitig aus ihren Fahrzeugen aus. Das war beiden zum Glück ohne Probleme möglich. Bleich und zitternd standen sie sich dann ein paar Augenblicke stumm gegenüber, schauten sich gegenseitig an und betrachteten dann von ihrer jeweiligen Seite her ihre ramponierten Fahrzeuge.

„Mein schöner Renault! Ich wollte doch gerade in Urlaub fahren“, ließ sich die eine dann hören und schaute mit traurigem Blick wieder zur anderen hinüber.

„Und ich wollte auf der Durchreise doch nur einen Besuch machen“, gab Frieda zurück. „Warum musste ich auch die Abkürzung nehmen?“ Wieder folgten ein paar

Momente des Schweigens. Dann ging Frieda um ihren Peugeot herum auf die Frau zu. „Sind Sie verletzt?"

Die schaute an sich herunter und betastete ihre Arme und ihren Oberkörper. „Ich denke nicht."

„Dann haben wir beide Glück im Unglück gehabt", meinte Frieda und reichte der Frau die Hand. „Danken wir Gott, dass wir unversehrt sind. Da war wohl ein Schutzengel dabei. Es tut mir leid, dass ich Ihnen den Urlaubsbeginn verderbe."

„Und ich Ihnen Ihren Besuch", gab die Frau zurück. „Wir sollten wohl die Polizei informieren", ergänzte sie, „wegen der Versicherungsfrage."

„Das ist schon geschehen", ließ sich im selben Moment eine Männerstimme hören. „Ich habe bereits telefoniert. Die Polizei ist schon unterwegs." Dabei hatte der Mann die beiden Frauen und ihre Fahrzeuge erreicht und schaute sich den Schaden genauer an. Dann meinte er trocken: „Renault küsst Peugeot. Frontaler ging's nicht. Sanitäter brauchen wir ja wohl keine. Sie sehen nicht danach aus, als hätte Sie mehr getroffen als der Schreck. Es hätte also schlimmer kommen können. Blech lässt sich richten und Glas ersetzen. Wir werden sehen, wie es weitergeht, wenn der Unfall aufgenommen ist. Ich bin übrigens der Käser aus dem Haus da drüben. Der Aufprall war laut genug, dass ich ihn gehört habe. Ich wusste sofort Bescheid. Hier knallt es nämlich öfters."

Der Mann redete ohne Punkt und Komma und ging dabei einmal um die Fahrzeuge herum, wohl um nach weiteren Schäden zu sehen. Dann las er den Aufkleber auf dem Peugeot. Natürlich musste er über den Spruch lachen und kommentierte ihn auch noch mit einem grinsenden Blick hin zu Frieda: „Die Chance zum Altwerden ist Ihnen bei der Havarie zum Glück geblieben."

Die Unglückliche fragte in die Ratlosigkeit des Augenblicks hinein: „Was machen wir jetzt?"

„Wir sichern die Unfallstelle durch Warndreiecke", schlug der Käser vor. „Dann stelle ich meinen Köbi als Wache hierher. Hier darf nichts verändert werden. Da kommt der Bub schon. Der kennt seine Aufgabe. Stimmt's, Köbi? Und Sie beide kommen mit zu mir, bis die Polizei eintrifft. Dann sehen wir weiter. Ein Kaffee wird Ihnen guttun."

Eine Stunde später war dann die notwendige Unfallaufnahme vor den Augen und Ohren einer großen Schar Schaulustiger, die sich inzwischen eingefunden hatte, erledigt. Die Polizisten hatten festgestellt, dass keiner der beiden Kontrahentinnen eine Alleinschuld zuzusprechen sei. Sie seien wohl beide auf der engen Straße mit unangepasster Geschwindigkeit und einer gewissen Unachtsamkeit unterwegs gewesen. Sie könnten von Glück sagen, dass es nur um Blechschaden ging. Der sei zu beheben. Aber jede müsse wohl für ihren eigenen Schaden aufkommen und die amtliche kostenpflichtige Verwarnung für das Delikt der Verkehrsgefährdung auf sich nehmen.

Nach dieser Feststellung und den Unterschriften unter entsprechende Papiere für die Versicherungen, nach der Zahlung der Strafmandate und nach ihrer Aufforderung, die Unfallstelle umgehend zu räumen, fuhren die freundlichen Uniformträger wieder davon. Danach zogen starke Männerhände die beiden Fahrzeuge auseinander und bogen die zerbeulten Bleche im Frontbereich mit Stemmeisen so weit zurecht, dass die Vorderräder sich wieder frei drehen konnten. Peugeot und Renault hätten sich jetzt lang genug geküsst, meinte der Käser und forderte die Frauen auf, einzusteigen und die Motoren zu starten. Die Scheinwerfer seien zwar ruiniert, aber selbst bis ins Emmental sei die Fahrt in den verbleibenden hellen Stunden des Tages leicht möglich. Mit der polizeilichen Bescheinigung würde Frau Schlüchter auch jede mögliche Straßenkontrolle bestens bestehen.

Der Frau aus dem Ort gelang es, den Motor ihres Renaults zu starten. Ihr Auto war also fahrbereit, und sie fuhr auch sofort zurück ins Dorf, freilich jetzt doch deutlich darüber verärgert, dass ihr Urlaub vorerst einmal beendet war, ehe er recht begonnen hatte. Friedas Peugeot wollte allerdings nicht anspringen. Der Motor hatte offenbar bei dem Zusammenprall irgendeinen Schaden genommen. Was jetzt?

„Ich muss mich wohl abschleppen lassen“, stellte sie bekümmert fest und fragte den Käser: „Kann ich bei Ihnen telefonieren?“

„Selbstverständlich können Sie, gute Frau“, gab der zurück. „Wir schieben das Auto auf meinen Hof, und dann rufen Sie an, wen Sie anrufen wollen oder müssen.“

Gesagt, getan. Wenige Minuten später hatte Frieda Schlüchter ihren Fritz am anderen Ende der Leitung. Vorsichtig informierte sie ihren Verlobten von der eigentlich harmlosen und doch folgenschweren Havarie am Ortseingang des Dorfes Krichenwil bei Fribourg. Sie wollte Fritz nicht erschrecken und schon gar nicht verstimmen.

Aber der hatte kaum das Wort „Havarie“ gehört, da prustete er am anderen Ende der Leitung auch schon los: „Was ist passiert, sagst du? Was hast du gemacht? Bist du von allen guten Geistern verlassen? Das Auto fährt nicht mehr? Der Motor im Eimer? Hat es etwa einen Totalschaden? Was hast du eigentlich in diesem – wie heißt der Ort? Krichenwil? Was hast du da eigentlich verloren?"

Frieda versuchte mehrfach, den Schwall der vorwurfsvollen Fragen mit ihren Antworten zu unterbrechen. Es gelang ihr aber nicht. Fritz war offenbar sehr aufgebracht. Eine solch harsche Reaktion hatte die junge Frau dann doch nicht erwartet. Sie kam gar nicht dazu, ihren Liebsten irgendwie zu beruhigen und ihm zu erklären, was passiert war. Der Mann am anderen Ende der Leitung auf dem Schweikhof hörte gar nicht richtig zu. „Da hat sie grad ein paar Tage den Führerschein und macht solchen Blödsinn. Unglaublich!", tönte es durch die Leitung.

In barschem Ton verlangte er noch einmal genaue Auskunft über ihren Aufenthaltsort. Er wolle versuchen, dass er mit einem Bekannten käme, wahrscheinlich mit dem Humbert Sepp aus dem Nachbardorf, um sie abzuholen und das Fahrzeug in dessen Werkstatt abzuschleppen. Wer sein Fahrzeug zu Schrott fahren könne, müsse dann auch die Geduld aufbringen und warten, bis er abgeholt würde.

Sprach's, legte auf und ließ eine sehr betroffene Frieda an ihrem Ende der Leitung in Tränen ausbrechen. Die Käsersleute hatten große Mühe, ihren unfreiwilligen Gast zu beruhigen. Sie luden Frieda zum Abendessen ein. Aber die junge Frau war nur schwer zu beruhigen. Der Appetit war ihr gründlich vergangen. Zu ihrem eigentlichen Kummer nach diesem Telefonat äußerte sie sich vor ihren Gastgebern allerdings nicht. Was ihr wirklich große Mühe machte, behielt sie für sich. Das mussten die Käsersleute auch nicht erfahren.

Aber was war's, das ihr die Fassung raubte? In Fritzens Reaktion hatte ihr eine Frage gefehlt, die ihr die wichtigste Frage ihres Verlobten gewesen wäre. Der Habegger Fritz hatte nicht mit einer Silbe nach ihr persönlich gefragt und nach ihrem Befinden. Ob sie vielleicht selbst Schaden genommen hätte und verletzt sei. Das war's und nur das.

Nein, vom Unfall war sie nicht verletzt, Gott sei Dank nicht. Aber nach dem Telefonat war sie verletzt. Das Auto war dem Fritz offenbar mehr wert als sie. Blech ging dem Mann vor den Menschen. Das musste sich mal einer ausmalen. Was war der Schweikhof-Bauer nur für ein Mensch!? Jetzt offenbarte sich sein wahrer Charakter. Gott musste sich geirrt haben, dass sie den demnächst heiraten sollte.

„Nein, Frieda Schlüchter", sagte sich die junge Frau in den Stunden des Wartens immer wieder, und sie steigerte sich tief in diese Gedanken hinein. „Nein, Frieda, den heiratest du nicht! Der braucht eine, die sich mit verbeultem Blech auf eine Stufe stellen lässt. Der soll sich eine suchen, die eine solche Herzlosigkeit und Kälte verträgt. Such dir eine andere Frau!"

Es waren vielleicht zwei Stunden vergangen, als Fritz Habegger mit dem Automechaniker und dessen Sohn auf den Hof der Käserei in Krichenwil einbog. Dass er seine Frieda überhaupt noch antraf, verdankte er der Tatsache, dass ihr intensiver Wunsch, Flügel zu besitzen, nicht in Erfüllung gegangen war. Wie gerne hätte sie sich von hier in ihre Wohnung davongeschwungen. Aber sie hatte auf dem Boden der traurigen Tatsachen bleiben und ausharren müssen.

Anstatt sich nun zunächst um seine Frieda zu kümmern, begutachtete Fritz mit den beiden Leuten vom Fach das Auto und besprach das weitere Vorgehen. Dann koppelten die Männer die beiden Fahrzeuge per Abschleppseil aneinander, Sohn Humbert setze sich ans Steuer des Unfallwagens, sein Vater beorderte Fritz und Frieda auf den Rücksitz seines Fahrzeugs und setzte sich selbst ans Lenkrad. Und los ging die Fahrt.

Viele Worte zwischen Halter und Fahrerin des Peugeots waren bisher nicht gefallen, und im Abschleppwagen mit seinen drei Insassen setzte sich das betretene und beklemmende Schweigen fort. Sepp Humbert sprach nichts, und der Fritz neben seiner Frieda sprach auch nichts.

Die junge Frau verkroch sich in sich selbst und vermied es, den Mann neben ihr anzureden oder ihm irgendwie nahezukommen. Sein ungewohntes Verhalten verstärkte ihre Meinung, dass er nicht der Richtige für sie sei. Gott musste sich tatsächlich getäuscht haben, als er ihre Wege zusammenlaufen ließ. Es war eine schlimme Stunde in der Enge des langsam dahinschleichenden Fahrzeugs. Hoffentlich waren sie bald in Bern, damit sie aussteigen und dieser bedrückenden Atmosphäre entfliehen konnte, ging es Frieda immer wieder durch den Kopf.

Nach vielleicht einer Stunde Fahrt – es waren wohl nur noch wenige Kilometer bis Bern, und es war inzwischen dunkel geworden – lenkte Sepp Humbert den Abschleppwagen plötzlich an den Straßenrand, hielt an und stieg aus. Nur einen Moment später stieg er kopfschüttelnd wieder ein. „Das Seil hat sich ausgehakt. Wir haben meinen Junior verloren. Wir müssen zurück und ihn suchen“, stellte Sepp nur lapidar fest, wendete den Wagen und fuhr die Bundesstraße mit jetzt hoher Geschwindigkeit zurück. Bei Flamatt, gerade dort, wo die Straße von Krichenwil her in die Bundesstraße einmündet, fanden sie dann den verbeulten Peugeot. Er stand zum Glück unter einer Straßenlampe, sonst wäre er wohl nicht zu sehen gewesen. Humbert junior war am Steuer eingeschlafen, und sein Vater musste ihn aufwecken. Nach kurzer Überlegung draußen schloss der junge Humbert den Peugeot ab, und beide Männer stiegen in den Abschleppwagen. Beat Humbert übernahm das Steuer. Sein Vater meinte nur nach hinten ins Fahrzeug gewandt: „Es geht gegen Mitternacht. Heute machen wir keine Experimente mehr. Wir holen das Auto morgen bei Tag mit der Pritsche."

Dann ging es erneut weiter Richtung Bern. Im dunklen Wagen blieb es auch jetzt still. Keiner von den vier Insassen sprach ein Wort. Eine beklemmende Atmosphäre war das! Zwischen den beiden Menschen auf der Rückbank herrschte weiterhin der Abstand, den es bereits seit der Abfahrt aus Krichenwil gegeben hatte. Was sollte das nur werden? Welche Gedanken den Schweikhof-Bauern beschäftigten, blieb Frieda unerfindlich. Ihre eigenen Gedanken drehten sich weiterhin um das merkwürdige Verhalten ihres Noch-Verlobten. Es war nicht dazu angetan, ihre veränderte Meinung über diesen Mann zurückzunehmen.

Der Gedanke, ihrem Fritz den Verlobungsring zurückzugeben, verursachte bei der jungen Frau jedoch plötzlich so etwas wie körperliche Schmerzen. Zu tief saß die Liebe zu Fritz Habegger in ihrem Herzen, als dass sie herausgerissen werden konnte. Wenn der Mann doch nur ein winziges Signal von sich gäbe, was wirklich in ihm vorging!

Es hätte doch schon gereicht, wenn er ein wenig näher zu ihr gerückt wäre oder ihre Hand genommen hätte. Als ob sie mit dem Unfall ein schweres Verbrechen begangen hätte, das nur durch tiefe Missachtung der Täterin zu ahnden sei. Sie, Frieda, war doch keine Verbrecherin. Sie war dem Mann neben ihr doch bis gestern noch der allerliebste Mensch gewesen, für den er alles hergegeben hätte, damit sie für immer an seiner Seite lebte ...

In Friedas Kopf jagten sich erneut, wie bereits vorhin in der Stube der Käsersleute, die übelsten Gedanken, und je näher Bern kam, desto düsterer und schlimmer wurden sie. Dass ihr inzwischen dabei auch wieder die Tränen über das Gesicht flossen, schien der Mann nicht zu bemerken. Sehen konnte er sie freilich auch nicht, der herzlose Kerl! Es war ja dunkel im Auto.

Endlich hatte das Fahrzeug Bern erreicht und bog in der schlafenden Hauptstadt bald in die Reichenbachstraße ein. Was jetzt? Wie sich ordentlich verabschieden? Frieda bedankte sich bei den beiden Humberts über deren Schultern hinweg nach vorne für ihren Einsatz und stieg dann aus. Fritz Habegger tat das Gleiche. Er kam mit ein paar schnellen Schritten um das Auto herum und – gab sich nicht mit Friedas ausgestreckter Hand und ihrem gehauchten „Gute Nacht!“ zufrieden. Nein, er nahm seine Verlobte endlich in einer heftigen Gefühlswallung in die Arme, drückte ihr einen Kuss auf die Stirn und sagte mit belegter Stimme: „Frieda, mein liebes Friedali, komm, Blech ist Blech und muss Blech bleiben. Die Hauptsache ist, dass dir nichts passiert ist. Ich möchte es mir nicht ausmalen, wenn es anders wäre. Verzeih mir und sei mir wieder gut! Ich liebe dich doch!“

Jetzt verschlug es Frieda für einen Moment die Sprache. Sie hatte doch so stark sein wollen und diesem kaltherzigen Mann den Ring ... Und jetzt fegte der mit der einzigen positiven Äußerung der vergangenen Stunden ihre tiefen Zweifel und ihre wilden Entschlüsse in den Gully. Weggespült, alle innere Not, aller Unmut, aller Ärger in den Kanal gespült!

Die Tränen, die jetzt flossen, waren Tränen der Erleichterung und der Freude. Fritz war doch der Richtige! Gott hatte doch keinen Fehler gemacht! Mit fast erstickter Stimme antwortete die junge Frau ihrem Verlobten: „Es ist alles gut, Fritz! Ich hatte schon gedacht, Blech sei wertvoller und wichtiger als Frieda. Es ist alles wieder gut. Ich liebe dich auch. Gute Nacht, mein Liebster." Dann küsste sie den Mann, riss sich von ihm los und verschwand nach wenigen Schritten hinter ihrer Haustüre. Für die beiden war die Welt wieder in Ordnung.

Natürlich kam dieses besondere Montagsereignis immer wieder einmal zwischen Frieda und Fritz zur Sprache. Auch noch, nachdem die Männer der Werkstatt Humbert den Schaden am Fahrzeug behoben hatten. „Peugeot küsst Renault" wurde auf dem Schweikhof zu einem geflügelten Wort, das immer wieder einmal bei den Großen wie bei den Kleinen Schmunzeln und Heiterkeit auslöste, aber auch Dankbarkeit für den letztlich mehrfach gnädigen Ausgang der Sache. Nicht auszudenken, wenn die künftige Hausherrin Schaden genommen und das Ereignis ein anderes Ende gefunden hätte.

Schon bald aber löste sich der Spruch mit den beiden Fahrzeugnamen von dem Unfallereignis und bekam eine neue Bedeutung. Da Fritz ein Fahrzeug der Marke „Borgward“ fuhr, wurde der „Renault“ im Sprichwort gegen diese Bezeichnung ausgetauscht. Fortan hieß es immer wieder „Peugeot küsst Borgward“ oder auch „Borgward küsst Peugeot“. Dass es dahin nun doch wieder gekommen war, erfüllte alle Habeggers und auch Frieda mit großer Freude. So durfte es gerne bleiben und unbedingt weitergehen.

Bald aber wurde die Erinnerung an den Unfall völlig verdrängt von den immer konkreter werdenden Vorbereitungen auf den 25. Juli. Was musste für dieses denkwürdige Ereignis nicht alles bedacht werden! Der Tag sollte sich doch unauslöschlich in die Geschichte des Schweikhofes und in die Köpfe aller Beteiligten einprägen. Gemeinsam wurde im Familienkreis eine lange Liste darüber erstellt, wo was wie mit wem als Hauptpersonen und als Gäste veranstaltet und erlebt werden sollte.

Auch Mathilde wurde mit ihren Fähigkeiten und begrenzten Möglichkeiten in die Überlegungen einbezogen. Das intelligente Mädchen erregte sich dabei jedes Mal zum Mitleiden, aber es gab mit mühsam hervorgebrachten Worten und mithilfe seiner ABC-Tabelle manchen Hinweis, der dann zur Freude aller Aufnahme in die Liste fand oder als Ausführungsbestimmung einer bestimmten Sache schon einmal festgehalten wurde. Mathilde sollte und musste doch bei den Hochzeitsfeierlichkeiten voll dabei sein. Friedas Bruder Hans, ein großer, starker Bauer, würde Mathilde dabei in seine Obhut nehmen.

Dann war der ersehnte letzte Samstag im Juli 1959 endlich da. Auf dem Schweikhof versammelte sich schon am Vormittag eine große, froh gestimmte Hochzeitsgesellschaft. Schick sah Frieda aus in ihrem blauen Satinkleid mit der weißen Rose am Revers und dem Brautstrauß aus ebenfalls weißen Rosen in den Händen, die in diesen Augenblicken doch tatsächlich ein wenig zitterten. Neben ihr stand ein stattlicher Mann im dunklen Anzug mit ebenfalls weißer Rose am Revers und silbergrauer Krawatte auf blütenweißem Hemd.

Hochzeit am 25. Juli 1959,
Frieda im königsblauen Satinkleid

Schade, dass das Wetter dem Anlass des Tages nicht Rechnung trug. Die Sonne hielt sich hinter einer dünnen Wolkendecke verborgen, die zwar viel Helligkeit durchließ, aber nicht einen einzigen richtigen Lichtstrahl. Dafür blieben natürlich die Schatten aus. Ob das nicht auch ein gutes Zeichen sein konnte? Wünschte das nicht jeder der

Gäste dem Brautpaar und seiner Familie, dass ihre beginnende gemeinsame Zeit möglichst ohne besondere Schatten blieb? Und war es im wirklichen Leben nicht wie an diesem Tag, dass der Horizont im Dunst oft nicht auszumachen war? „Weiß ich den Weg auch nicht, du weißt ihn wohl …“ Das galt für alles, was mit diesem Tag seinen Anfang nahm. Auch deshalb hatte die Braut gewünscht, dass dieses Lied noch auf dem Hof gemeinsam gesungen wurde. Sie hatte allerdings darum gebeten, die zweite und dritte Strophe zu vertauschen. Das Lied sollte mit dem Gotteslob enden: „Ich preise dich für deiner Liebe Macht, ich rühm die Gnade, die mir Heil gebracht.“

„Heil“ hatte in diesem Augenblick für Frieda Habegger nicht nur den eigentlich innewohnenden Ewigkeitsbezug, sondern auch einen durchaus zeitlichen. Dabei stand der jungen Frau die Aufgabe, zu der sie gestern auf dem Standesamt endgültig Ja gesagt hatte und zu der sie sich heute mit ihrem Fritz von Gott segnen lassen wollte, plötzlich wieder wie ein Berg vor Augen. Konnte sie wirklich leisten, wozu sie sich berufen fühlte und hingestellt sah? Schaffte sie es, dem geliebten Mann die Frau zu werden, nach der er sich sehnte? Konnte sie den Kindern eine gute Mutter und Freundin werden? In Friedas hübsch frisiertem und mit einem weißen Schmuck gezierten Kopf jagten sich für ein paar Augenblicke erneut zweifelnde Gedanken.

Erst als sie sich vor der geschmückten Haustüre des Schweikhofes dicht an ihren Liebsten anlehnen konnte, wurde sie innerlich wieder ruhig. Stand ihr doch plötzlich auch vor Augen, was nach der Textordnung des Herrnhuter Losungsbuches in einem der Worte des Tages aus dem sechzehnten Kapitel der Sprüche Salomos zu lesen war: „Des Menschen Herz erdenkt sich seinen Weg; aber der Herr allein lenkt seinen Schritt."

Mit einem verliebten und zugleich dankbaren Blick schaute Frieda zu ihrem Fritz auf, der seine junge Frau noch ein wenig fester an sich drückte. „Komm, mein Schatz, wir müssen fahren. Pfarrer Bichsel wartet auf uns." An die Hochzeitsgesellschaft gewandt, rief er den Umstehenden zu, doch bitte zügig in den Bus einzusteigen, damit die Fahrt zur Kirche auf dem Hügel bei Buchen losgehen könne.

Dort gab es dann einen feierlichen und bewegenden Traugottesdienst mit Orgel- und Trompetenmusik, mit Solo- und Gemeindegesang, Lesung und Gebet. Pfarrer Bichsel hielt eine Mut machende Ansprache.

Nachdem die beiden Hauptpersonen vor der versammelten Hochzeitsgemeinde als Zeugen ihr Eheversprechen abgegeben hatten, sprach Pfarrer Bichsel ihnen einen eigenen Segen zu: „Ich wünsche euch, liebe Frieda und lieber Fritz Habegger, dass Gott euch segnet und behütet, einzeln und gemeinsam und mit den Kindern, die jetzt euer beider Kinder sind. Ich wünsche, dass Gott sich euch in jedem Augenblick eures Lebens liebevoll zuwendet und gnädig ist. Dass er euch seine Liebe und Fürsorge erfahren lässt und seinen Frieden schenkt. Gott sagt schon zu Abraham, und so gilt es für jeden von euch: ‚Ich will dich segnen, und du sollst ein Segen sein.'"

Diese persönlichen Worte gingen den Brautleuten sichtbar unter die Haut, und es flossen ein paar Tränen. Fritz Habegger brauchte für seine Frieda ein Taschentuch, für sich selbst allerdings auch. Musste er sich deshalb schämen? Nein, das brauchte er nicht und die Frau an seiner Seite erst recht nicht.

Der Pfarrer wandte sich inzwischen an die Festgemeinde und sprach ihr den offiziellen Segen zu, wie er ans Ende jedes Gottesdienstes gehörte: „Der Herr segne dich und behüte dich; der Herr lasse sein Angesicht leuchten über dir und sei dir gnädig; der Herr hebe sein Angesicht über dich und gebe dir Frieden. Amen."

Es blieb auch nach dem Segen noch feierlich in der Buchener Kirche. Die Gemeinde sang auf Wunsch der Brautleute als gemeinsames Schlussgebet den bekannten Zinzendorf-Choral:

Jesu, geh voran
auf der Lebensbahn!
Und wir wollen nicht verweilen,
dir getreulich nachzueilen;
führ uns an der Hand
bis ins Vaterland …
Ordne unsern Gang,
Jesu, lebenslang.
Führst du uns durch raue Wege,
gib uns auch die nöt'ge Pflege;
tu uns nach dem Lauf
deine Türe auf.

Am Ausgang der Kirche gab es dann ein lebhaftes Händeschütteln und herzliches Gratulieren. Wie freuten sich die Verwandten aus beiden Familien, dass der Witwer nicht mehr Witwer sein musste, sondern wieder Ehemann wurde! Wie freuten sich alle, dass die fünf Habeggerkinder jetzt wieder eine Mama hatten. Für Mathilde, Ruth, Susanne, Peter und Veronika war Frieda nun die zweite Mutter.

Mathilde hätte ihrer Freude sicher gerne ähnlich Ausdruck gegeben wie ihre gesunden Geschwister. Wenn das so auch nicht möglich war, merkte doch jedermann dem Mädchen an, was in ihm vorging. Sein ganzer Körper fieberte vor freudiger Erregung in heftiger Bewegung. Das hübsche Gesicht strahlte.

Unter der großen Kirchenlinde gab es anschließend noch ein fröhliches Fotografieren der ganzen Hochzeitsgesellschaft – des Ehepaars allein, der Hochzeiter mit den Kindern, mit dem Pfarrer, mit Friedas Eltern, mit ihren Geschwistern, mit Freunden, mit diesen und jenen großen und kleinen Leuten, nahen und fernen Verwandten. Jeder Gast trug übrigens eine rote Nelke am Anzug oder Kleid. Fritz und Frieda Habegger wurden einfach herumgereicht von Szene zu Szene. Es herrschte ein munteres Durcheinander, wie das bei solchen Anlässen einfach dazugehört. Die glücklichen Gastgeber mussten schließlich aber doch die Ordnung anmahnen, denn die Zeit lief weiter, und das nächste Tagesziel wartete.

Nachdem das letzte Foto dann wirklich aufgenommen war, konnten die Brautleute und ihre Gäste endlich wieder den Bus besteigen. Der fuhr nach einer kleinen Schleife durchs leider überwiegend grau-in-graue Berner Oberland, um den Thuner See zum Schloss Hünigen, wo am Abend ein großes Fest stattfand, welches erst in der tiefen Nacht zu Ende ging.

Dann sollte es für einige Tage zur Hochzeitsreise hinunter ins Tessin gehen. Die tüchtige Doris schaute in dieser Zeit auf dem Schweikhof liebevoll nach dem Rechten.

Flügel möchte ich besitzen …

Nach der Heimkehr des glücklichen Paares begann auf dem Schweikhof das gemeinsame Leben. Der Dienst von Doris ging endgültig zu Ende, und Frieda übernahm die Führung des Haushalts mit allem, was dazugehörte. Natürlich half ihr ihre eigene Ausbildung als Hauspflegerin und Bäuerin, die Übersicht über die vielfältigen Arbeiten rasch zu gewinnen.

Der Schweikhof in Weier/Emmental

Nach einigen Tagen erzählte sie Fritz am Abend, als die Kinder im Bett lagen, glücklich, mit wie viel Liebe ihr diese beim Einräumen ihrer Sachen geholfen hatten. Frieda hatte sie ein paarmal gefragt: „Wie würde eure Mama das machen? Was würde sie jetzt sagen?“ Darauf hatten ihr die Kinder mit Eifer geantwortet.

„Siehst du, meine Liebe“, antwortete ihr Fritz freudig, „habe ich dir nicht von allem Anfang an immer wieder gesagt, es wird alles gut werden?“ Voll Liebe und Dankbarkeit umarmte er seine Frau.

„Flügel möchte ich besitzen“, erinnerte sich Frieda an das Lied. Heute fühlte sie sich selbst so, als hätte sie Flügel bekommen.

In den folgenden Wochen konnte Frieda manchen kleinen Fortschritt im Miteinander der Kinder und der neuen Mutter registrieren. Es gab dann auch ein paar Signale, die für sie wirkten wie frischer Wind, der die Flammen der Liebe deutlich anfachte und höherschlagen ließ.

Im späten August kamen die Zwillinge einmal von ihrem Spiel in der Feld- und Waldflur zurück. Ihre Mama war im Kräutergarten am Haus beschäftigt und unterhielt sich dabei mit Mathilde. Die freute sich, in ihrem Rollstuhl draußen zu sein und dem Spiel der Wolken und den herumschwirrenden Schwalben zuzuschauen. Als sie ihre beiden Geschwister kommen sah, geriet sie in freudige Unruhe.

Peter und Vroni verschwanden zunächst kichernd und irgendetwas verbergend blitzartig im Haus. Etwas war ihnen im Augenblick wichtiger.

Nach etwa zehn Minuten tauchten die beiden wieder auf. Sie schnappten sich den Rollstuhl und schoben Mathilde ausgelassen und fröhlich lachend über den Hof.

Mathilde jauchzte vor Freude. Sie liebte es, wenn jemand mit ihr herumtollte. Dann konnte sie für Momente vergessen, in welchem körperlichen Käfig sie leben musste.

Später, beim gemeinsamen Abendessen, hätte Frieda allzu gerne gewusst, welches Geheimnis Peter und Veronika mit sich trugen. Irgendetwas hatten die Zwillinge, weshalb sie sich immer wieder anstießen und vielsagend anschauten. Die beiden waren allerdings zu keinerlei Auskunft bereit. Es sei alles in Ordnung mit ihnen, meinten sie, sie hätten halt einfach Freude. Die Mutter gab sich zufrieden, der Vater wusste ohnehin nicht, worum es ging. Die Sache würde sich schon aufklären.

Das tat sie dann auch. Als Frieda später ins Schlafzimmer kam, stieg ihr sofort ein besonderer Duft in die Nase. Dann fiel ihr die Auflösung des Geheimnisses auch schon ins Auge und – nahm ihr für einen Moment den Atem. „Fritz, Schatz, komm rasch und schau", rief sie ihren Mann aus dem Badezimmer, „hier löst sich das Geheimnis der Zwillinge. Wie lieb von den beiden!"

Fritz stand fragend hinter seiner Frau. „Frische Walderdbeeren!", staunte er und atmete tief den Duft ein. „Frische Walderdbeeren nur für dich, mein Liebes." Er nahm Frieda in die Arme und zog sie an sich. „Du hast sie gewonnen, Schatz. Schau, auf meinem Nachtschränkchen steht kein Schüsselchen mit diesen leckeren Früchten."

„Bist du jetzt etwa eifersüchtig?", fragte Frieda lächelnd.

„Das muss ich wohl sein. Du läufst mir scheinbar den Rang ab." Dann drehte er Frieda zu sich herum, küsste sie und sagte: „Nein, mein Schatz, nicht eifersüchtig. Ich freue mich riesig. Die Erdbeeren sind wieder ein Zeichen:

Du bist als neue Mutter anerkannt. Du hast die Herzen der Zwillinge gewonnen. Gott sei Dank!“

Frieda löste sich aus der Umarmung und setzte sich auf die Bettkante. „Komm, Lieber, setz dich zu mir. Die süßen Dinger wollen gegessen werden.“

Nur zu gerne kam der Mann der Einladung nach und ließ sich mit den kleinen roten Beeren füttern. „Eine für dich, eine für mich.“ Dann nahm er seine Frieda wieder in die Arme, küsste ihr den Erdbeergeschmack von den Lippen und sagte: „Herrliche süße Früchte. So süß, wie du bist, mein Schatz.“

Als Veronika und Peter am nächsten Morgen zum Frühstück in die Küche kamen, nahm Frieda die beiden Zwölfjährigen in die Arme. „Danke, ihr beiden. Vielen, vielen Dank für die köstliche Überraschung. Die Erdbeeren waren wunderbar. Und ihr beiden seid es auch.“

Ein paar Tage später fand Frieda den Schriftzug: „Für meine Mama – deine Susi“ auf ihrem Kopfkissen. Die vierzehnjährige Susanne hatte sich die Mühe gemacht, während eines schulfreien Nachmittags am Waldrand dutzende Haselnüsse zu pflücken, sie zu knacken und mit den Kernen ihre Liebeserklärung zu schreiben. Für Frieda ein neues Erlebnis großer Freude und Dankbarkeit.

Mathilde, diese intelligente und liebevolle Tochter, hatte von Anfang an die neue Mutter mit offenen Armen aufgenommen. Wie hatte sie damals, bei Friedas erstem Besuch, der fremden Frau zum Abschied mühevoll auf der ABC-Tabelle gezeigt? „Du bist lieb!“ Diese liebe Frau aus Bern hatte sie als behinderten Menschen von der ersten Begegnung an angenommen und war ähnlich warm auf sie eingegangen, wie Mathilde es von ihrer verstorbenen Mutter her in Erinnerung hatte. Jetzt war wieder eine hilfreiche, sorgende Frau da.

Dass Frieda Schlüchter dann ihre zweite Mutter geworden war, hatte die junge Frau in ihrer körperlichen Enge einfach nur glücklich gemacht. Als die „Mama" dann endgültig auf dem Schweikhof eingezogen war, hatte sie ihr auf ihrer ABC-Tafel mit ihrem verkrümmten Zeigefinger als Erstes den Satz gezeigt: „Ich freue mich, dass du da bist." Welch schöner Empfang der Neuen in der gebeutelten Familie! Ausgerechnet die Schwächste hatte die stärkste Aussage formuliert.

Voll Liebe und mit großer Anstrengung hatte Mathilde sich Mühe gegeben, ein wenig selbstständiger zu werden. Sie wollte es ihrer neuen Mama leichter machen. Mit großer Geduld und mit noch größerem Kräfteaufwand übte sie, ihren Rollstuhl mit ihren verkrampften Armen und Händen in der Wohnung selbst vorwärtszubewegen.

Irgendwann war es ihr dann tatsächlich gelungen, das Gefährt zum Kachelofen zu bewegen und sich ohne fremde Hilfe aus dem Sitz auf die Ofenbank hinüberzuheben. Mit einem schelmischen Lächeln auf dem Gesicht und mit ihrer besonderen Art, ihre Freude laut werden zu lassen, hatte sie die fassungslose Mama dann in der Stube begrüßt. Der hatte diese Geschichte gar nicht gefallen, weil sie einfach für Mathilde zu gefährlich gewesen war. Und doch hatte sie sich mit ihr über diesen Fortschritt gefreut.

Noch gefährlicher war die andere Sache, mit der das Mädchen an einem Samstag ihre Mama schockte. Mathilde reichten die wenigen Minuten, in denen sie im Badezimmer auf Frieda warten sollte, dazu, den Einstieg in die

Wanne ohne Hilfe zu vollziehen. Sie wollte es doch einmal probieren. Und dann lag sie zum großen Schrecken ihrer Mama mit ihrer ganzen Körperlänge in der Wanne, ruderte mit ihren Armen, zuckte mit den Beinen und dem Kopf, prustete und schnaufte im Kampf gegen das Wasser – und hatte dabei besondere Freude über die gelungene Aktion.

Diesmal musste die Mama allerdings sehr ernst mit der Tochter reden. Denn dieser Beweis ihrer Selbstständigkeit hätte auch böse ausgehen können. Gott sei Dank war Mathilde ohne Schaden geblieben. Ob ihr das Versprechen schwerfiel, so etwas Gefährliches nie wieder zu veranstalten, konnte Frieda nicht erkennen. Der Stolz der Tochter über die besondere Leistung überlagerte das Bewusstsein der Gefahr, der sie sich ausgesetzt hatte.

Das Verhältnis von Frieda und Mathilde war also von Anfang an herzlich gewesen, und es war im Laufe der Zeit zu beider Freude noch inniger geworden. Mutter und Tochter wurden Freundinnen. So mochte jeder empfinden, der die beiden eine Weile in ihrem Miteinander beobachtete.

Ruth, die siebzehnjährige kluge Studentin, war nur zehn Jahre jünger als Frieda. Wie würde sie auf die neue Mutter reagieren? Die angehende Grundschullehrerin war ja nur am Wochenende zu Hause. So war das Verhältnis der beiden Frauen zuerst vorsichtig und zurückhaltend.

Ruth hätte Frieda bei ihrem Vornamen nennen dürfen, so hatte die neue Hausfrau und Mutter es ihr angeboten, aber sie vermied die Anrede geflissentlich.

Irgendwann hörte Frieda dann, wie Ruth mit den Zwillingen sprach und sagte: „Da müsst ihr Mutti fragen.“ Frieda bemerkte es natürlich mit Erstaunen und Freude.

Was mochte in Ruth vorgehen, wenn sie kam, hier war und wieder ging? Mit kleinen Zeichen zeigte sie Frieda mehr als einmal ihre Dankbarkeit.

Geraume Zeit nach der Wiederheirat des Vaters beendete Ruth ihre Ausbildung, bestand ihr Examen als Grundschullehrerin und trat ihre erste Stelle an der Schule in Langnau im oberen Emmental an. Sie wohnte seitdem auch nicht mehr auf dem Schweikhof, sondern an ihrem Schulort. Nun war sie nicht mehr auf den Geldbeutel des Vaters angewiesen, sondern verdiente ihr eigenes Gehalt. Jetzt konnte sie sich das ein und andere Persönliche leisten, wie das bisher nur begrenzt möglich gewesen war.

Ruths Wochenendbesuch nach ihrem ersten Gehaltsempfang wurde dann zwischen der Tochter und ihrer „Mutter“ zu einer besonders bewegenden Begegnung. Noch unter der Haustüre streckte Ruth ihr einen großen Strauß langstieliger, samtener, scharlachroter Rosen entgegen. „Für dich, Mutti! Nur für dich! Von meinem ersten selbst verdienten Geld. Eben erst aus Israel eingetroffen, hat die Verkäuferin gesagt.“

Frieda verschlug es die Sprache. Diese Überraschung machte sie für den Augenblick benommen. Sie musste schlucken. Sie nahm die Blumen, hielt sie für ein paar Sekunden im Arm, schloss die feucht gewordenen Augen und sog den herrlichen Rosenduft tief in sich ein. Dann legte sie den edlen Strauß vorsichtig zur Seite, nahm beide Hände ihrer Zweiten und ließ dabei ihren Glückstränen freien Lauf.

Dann nahm sie die Rosen in die eine Hand und reichte die andere ihrer Tochter, deren Augen auch ein wenig feucht geworden waren. Mit immer noch erstickter Stimme sagte sie: „Danke, Ruth, danke. Ich bin ja so glücklich!“

Als die Mutter die Rosen in eine große Vase stellte, fand sie einen kleinen Umschlag mit einem Kärtchen, der sich zwischen den Stängeln versteckt gehalten hatte. Beim Lesen des zusätzlichen Grußes der jungen Lehrerin kamen Frieda noch einmal Tränen der Freude und der Dankbarkeit. Was für herrliche Worte von *ihrer* Ruth, welch eine Bestätigung der Entscheidung ihres Vaters für die zweite Frau, was für ein Zeichen der Liebe Gottes, der sich auf diese Weise zu Weg und Stand der Habeggerfamilie bekannte: „Liebe Mutti, ich möchte Dir von ganzem Herzen danken für Dein stilles Wirken hier auf dem Schweikhof. Dieser Ort ist durch Dich unser Heim geblieben und strahlt so viel Liebes und Schönes aus.“

Für einige Momente fühlte Frieda sich vom harten Boden der Wirklichkeit aufgehoben und von blitzendem Glück getragen. Sie wusste: Dass dies so geschah, war Gottes Gnade und Segen. „Also, geh weiter der Stimme des guten Hirten nach und folge ihm auf den Wegen, die er führt“, sagte sie sich.

Dabei wunderte sie sich darüber, dass ihr gerade jetzt ihr Konfirmationsspruch aus Johannes 10,27 von Jesus, dem guten Hirten, einfiel. Erst jetzt bemerkte sie, dass auf der Vorderseite von Ruths Kärtchen der erste Vers ihres Lieblingspsalms abgedruckt war: „Der Herr ist mein Hirte, mir wird nichts mangeln.“ Wohl deshalb die spontane Erinnerung an ihren Konfirmationsspruch.

Später gab es dann tatsächlich ein festliches, fröhliches Kaffeetrinken in der großen Tischrunde mit viel Erzählen aus der Vergangenheit und der Gegenwart der großen und kleinen Habeggers. Auch die beiden ganz Kleinen hätten sicher schon einiges zu erzählen gehabt, wenn sie denn dazu schon in der Lage gewesen wären. Doch Christine war gerade mal zwei Jahre alt, saß aber schon brav in einem Hochstühlchen mit am Tisch. Ueli gehörte erst seit ein paar Wochen dazu. Der pausbäckige Bub lag friedlich in seinem Flechtkorb und verschlief schon seit einer Weile satt und zufrieden den Nachmittag. Er würde sicher demnächst aufwachen, seinen erneuten Hunger anmelden und damit wieder die Aufmerksamkeit auf sich ziehen.

Ruths Rosenstrauß ließ nun eine Erinnerung an einen anderen Blumenstrauß wieder hochkommen, den ihr Vater seiner neuen Frau irgendwann einmal hatte überreichen wollen. Was war damals passiert? Die Eltern riefen diese Geschichte sich selbst und ihren Kindern wieder ins Gedächtnis.

Frieda hatte Susanne damals zugeflüstert: „Einmal möchte ich von Papa Rosen bekommen."

Sobald Fritz das erfuhr, machte er sich auf den Weg, um solche Blumen für seine Frau zu finden. Als er dann nach Hause kam, überreichte er Frieda einen Strauß im Papier. Sie dachte hoffnungsvoll, diesmal seien es nun wirklich Rosen! Als sie jedoch vorsichtig das Papier entfernte – was kam zum Vorschein? Nelken!

„Liebes Friedali", beeilte sich Fritz zu erklären, „ich wollte dir Rosen bringen, schöne, aufgeblühte, duftende Rosen. Aber weißt du was: Es gab nur Sträuße mit Knospen. Keine richtigen Blüten."

Darauf brach seine ganze Familie in Gelächter aus. Mit dieser Episode wurde er noch Jahre später immer wieder geneckt.

Plötzlich machte sich der kleine Ueli in seinem Körbchen bemerkbar. Ruth sprang als Erste zu ihm und hob den Bruder heraus, wiegte und streichelte ihn und tanzte mit ihm durchs Zimmer. Dem machte das offenbar solchen Spaß, dass er vor Vergnügen zu jauchzen begann.

In diesem Moment wurde plötzlich Mathilde sehr unruhig, die bisher still in ihrer üblichen verkrampften Haltung in ihrem Polsterstuhl gesessen hatte. Sie geriet in starke Erregung. Ihr Körper begann zu zittern und ihr Gesicht zu zucken. Ihre Arme und ihr Kopf bewegten sich fahrig hin und her und auf und ab. Es war ihr anzusehen, dass sie etwas sagen wollte, aber mehr als einige unartikulierte Laute brachte sie trotz höchster Anstrengung nicht heraus. Endlich würgte sie ein verzerrtes, aber doch verständliches „Ueli!" heraus und streckte die Arme nach dem Baby aus.

Dieser Aufschrei der ältesten Habegger-Tochter wirkte erschreckend auf die versammelte Familie und alle fühlten sich hilflos. Im Nu waren nur noch die Eltern, Mathilde und Ruth mit dem Säugling im Zimmer. Susanne, Veronika und Peter hatten schnell die Stube verlassen und Klein-Christine mitgenommen. Sie liebten ihre große Schwester Mathilde sehr, aber wenn sie erregt war und laut wurde, dann zogen sie sich doch lieber zurück. Das mochten sie nur schwer ertragen.

Vater und Mutter waren sofort bei Mathilde. Ruth hielt, deutlich entsetzt über die heftige Reaktion ihrer großen Schwester, immer noch den Säugling im Arm, bemüht, dass er nicht wieder anfing zu schreien. Der Kleine musste wohl auch von der lauten Unruhe im Raum betroffen sein. Mathilde mochte ihn erschreckt haben. Das Ganze war eine bedrängende Situation.

„Ueli! Ueli!“, kam es wiederholt von Mathilde und jedes Mal heftiger.

„Natürlich gehört Ueli dir auch, Mathilde.“ Frieda streichelte ihr über die Haare und versuchte sie mit sanfter Stimme zu beruhigen. „Du bist die Patin, und deshalb gehört Ueli auch dir. Du hast ja recht. Aber Ruth ist nur heute und morgen hier, und der Kleine ist doch auch ihr Bruder.“

„Ueli! Ueli!“, brach es wieder aus der Kranken hervor.

Der Vater reagierte etwas strenger: „Mathilde, bitte! Beruhige dich! Du bekommst Ueli nachher auf deinen Schoß, wenn du dich wieder beruhigt hast. So aufgeregt, wie du bist, kannst du den Kleinen jetzt gar nicht halten. Also bitte, beruhige dich!“

Mathilde beruhigte sich dann auch nach und nach. Die strengen Worte des Vaters zeigten Wirkung. Kurz darauf kamen die beiden Zwillinge, um die Schwester in ihrem Rollstuhl ein wenig durch die Feld- und Wiesenflur zu fahren. Das sollte der jungen Frau guttun, und bis zum Abendessen war die Welt dann auch wieder einigermaßen in Ordnung.

Später aber hatte Frieda Habegger noch gegen die Folgen des Nachmittags zu kämpfen, eines Nachmittags, an dem Ruth im Haus gewesen war, wie ihr beim Nachdenken über die Ursachen auffiel. Mathilde hatte sich schon häufiger verletzt gezeigt, wenn ihre Schwester daheim war und einen großen Teil der Aufmerksamkeit auf sich zog. Dann stand die junge Lehrerin bei ihren Eltern und Geschwistern im Mittelpunkt. Oder sie spielte stundenlang Klavier, weil ihr Musikstudium am Berner Konservatorium es so erforderte. Sie hatte es nach ihrem Examen begonnen und absolvierte es neben ihrer Arbeit an der Schule. Deshalb nahm sie sich nicht die Zeit für ihre ältere Schwester, wie die sich das wünschte.

So war es nun auch wieder an dem Abend nach dem „Rosen-Nachmittag". Mathilde lag in ihrem Bett und weinte still in ihr Kissen. Dann wieder seufzte und schluchzte sie laut auf, knirschte hörbar mit den Zähnen und gab merkwürdige Laute von sich. Was nur ging wieder in diesem armen Wesen vor?, fragte sich die Mutter, während sie eine ganze Weile am Bett der Ältesten saß, ihre fahrigen Hände hielt und ihr über die Wangen und über ihr schönes Haar streichelte, um sie zu beruhigen. Viel lieber hätte sie jetzt bei ihrem Fritz unten in der Stube gesessen.

Frieda seufzte innerlich auf und konzentrierte sich wieder auf die junge Frau in ihrem Bett. Hübsch und liebenswürdig, aber doch ein so bedauernswerter Mensch, ging es ihr dabei durch den Kopf. Und dann wieder die Frage, warum wohl ein solch anmutiges und intelligentes Wesen in einem so engen körperlichen Gefängnis leben musste?

Viele Gedanken gingen Frieda wieder einmal durch den Sinn, während sie am Bett der leidenden Tochter saß und überlegte, wie sie ihren Kummer stillen und die Tränen trocknen könnte. Plötzlich riss Mathilde ihre Augen weit auf und geriet sogleich mit allen Gliedmaßen wieder in heftige Erregung und Bewegung. Sie versuchte, mit ihren verkrampften und mit dünnem Schaum bedeckten Lippen angestrengt etwas zu artikulieren. Dann gelang es ihr endlich, den Jammer ihrer gequälten Seele in einer erstaunlich langen Äußerung herauszupressen: „Ruth, immer nur Ruth! Und ich? Und ich?" Bei den letzten Worten schlug sie sich heftig an die eigene Brust. Dann sackte sie erschöpft in sich zusammen und begann erneut zu schluchzen.

Das war es also! So deutlich hatte Mathilde sich bisher noch nicht zu ihrer inneren Not geäußert. „Ruth, immer nur Ruth! Und ich?“ Frieda lief es heiß und kalt den Rücken herunter. Am liebsten hätte sie aus Mitleid auch losgeweint. Fieberhaft dachte sie darüber nach, wie sie auf diesen heftigen Gefühlsausbruch reagieren sollte. Die junge Frau im Bett vor ihr hatte wohl heute wieder einmal besonders intensiv empfunden, welch armes Geschöpf sie war im Vergleich zu ihrer Schwester. Die konnte alles Mögliche, die war jemand, die herumkam, der die Welt offen stand, die nicht ständig zum Arzt brauchte, zur Gymnastik, zur Behandlung ihrer abgeriebenen Zähne ... „Ruth, immer nur Ruth! Und ich?“

Frieda tat die Erkenntnis weh, dass Eifersucht und Neid auch an diesem leidenden Menschen nicht vorbeigingen. Sie nahm Mathildes Hand wieder in ihre linke und streichelte ihr mit der rechten über die Haare. „Schau, Mathilde“, sagte sie mit sanfter, liebevoller und um Verständnis werbender Stimme, „schau, mein Liebes. Ich weiß auch nicht, warum Gott dich so gemacht hat, wie du bist, und deine Schwester so ganz anders. Aber ich weiß, dass er euch beide lieb hat. Und ich weiß, dass Jesus, der gute Hirte, für euch beide da ist, wie für alle eure Geschwister. Jesus segnet euch beide, euch alle und auch uns Eltern.

Er segnet nur jeden anders. Und jedem gibt er eine andere Verantwortung. Dem Papa für uns und unser Haus und fürs Geldverdienen, mir für eure Versorgung und Pflege, Ruth für ihre Schulkinder und ihre Ausbildung als

Klavierlehrerin und so weiter. Ich glaube, dich segnet er besonders darin, dass du die Patin für deine kleinen Geschwister bist, für Christine und für Ueli. Dass du für sie betest, ist ein wunderbares Geschenk. Auch dass du mich stets bei meinen Aufgaben betend unterstützt, ist mir eine sehr große Hilfe. Kannst du dich darüber nicht freuen?“

Frieda schwieg einige Augenblicke und wartete, ob eine Reaktion käme. Vielleicht war die Ruhe, in der Mathilde nun wieder unter ihrer Decke lag, schon eine Antwort. Ihr Gesicht entspannte sich sichtlich.

„So ist es recht, Mathilde“, drückte die Mutter ihr die Hand. „Morgen sieht die Welt wieder anders aus. Dann bekommst du auch wieder Ueli auf den Schoß, und Christine wird wieder neben deinem Polsterstuhl mit ihrem Püppchen spielen. Und weißt du was: Morgen wird der Papa mit Peter die Schwelle an der Haustür entfernen und die Tür umbauen. Dann wird es leichter, mit dem Rollstuhl nach draußen zu fahren. Das war übrigens Peters Idee.

Und es gibt auch noch einen Grund, weshalb du dich freuen kannst.“ Die Mama tat ein wenig geheimnisvoll, sodass Mathilde sie mit großen fragenden Augen anschaute. „Weißt du, Papa hat heute die Wanne und das Waschbecken und die Möbel für dein neues Badezimmer bestellt. Bald wird er auf der Strohtenne mit dem Bauen anfangen. Steine und Zement sind ja schon da. Und wenn er die Kacheln für den Boden und für die Wände kauft, will er dich mitnehmen. Du sollst sie dir selbst aussuchen. Ist das nicht ein Grund, dich zu freuen?“

Mathilde nickte eifrig mit dem Kopf.

„Siehst du, meine Liebe, versuch es einfach mit Freuen und Danken.“

Diese Worte wurden dann Mathildes Leitspruch und Hilfe: „Versuche es mit Danken. Denn nicht das Wünschen gibt dem Leben Sinn, sondern das Danken."

„Soll ich dir noch eine Musik auflegen?", fragte Frieda zum Schluss.

„Bitte", antwortete Mathilde. Ihr Gesicht überzog schon wieder so etwas wie ein zufriedenes Leuchten.

„Bach oder Beethoven?", fragte die Mutter.

„Bach", stieß Mathilde mühsam hervor und meinte damit eins der Brandenburgischen Konzerte des berühmten Leipziger Thomaskantors. Die hörte sie nämlich liebend gern, besonders das zweite in F-Dur mit den Trompeten. „Tabelle", hängte sie noch an. Offenbar wollte sie ihrer Mutti noch etwas sagen; das aber dann mithilfe ihrer ABC-Tabelle.

Buchstabe um Buchstabe zeigte sie dann den Satz: „Danke, dass ich dich habe."

Frieda streichelte ihrer Tochter ein letztes Mal die Wangen: „So ist es gut, meine Liebe. Ich bin auch froh, dass ich dich habe. Und jetzt schlaf bei der Musik ein und träum etwas Gutes." Dann schaltete sie das Gerät ein, legte die Nadel auf die schwarze Scheibe und verließ das Zimmer.

Armes Kind! Geliebtes Kind! Gesegnetes Kind!, ging ihr dabei durch den Kopf, und sie hoffte, dass sie in der Stube – in den starken Armen ihres geliebten Mannes – ein wenig Erholung von der Anstrengung dieses Tages und der mühevollen vergangenen halben Stunde finden würde.

... gute, feste Wanderschuhe

In den folgenden Jahren nahm das Leben auf dem Schweikhof einen guten, erfreulichen Verlauf mit Frieda als dem neuem Mittelpunkt der großen Familie. Bei der Hausfrau und Mutter liefen die Fäden zusammen, und sie förderte jedes ihrer Kinder nach dessen Möglichkeiten und Kräften.

Mathilde lernte auch mehr und mehr, ihre Behinderung anzunehmen und positiv mit ihr umzugehen. Sie übte sich im Freuen und Danken und erinnerte sich selbst immer wieder an Gründe dafür. Besondere Glücksmomente gab es immer dann, wenn sich ihre kleinen Geschwister mit ihrem Spiel- und Bastelzeug um sie versammelten und sie ihrer Patin zeigten, was sie gebaut und zusammengesetzt hatten. Beim Taufen der Puppen konnte sie den Pastor spielen oder auch hier Patin sein. Aus dem Sandkasten wurde dann das Taufessen serviert.

Kleinere Geschwister? Zu Christine und Ueli gesellten sich in den nächsten Jahren noch Marianne und Katrin. Die Geburten dieser beiden gesunden Kinder machten Mathilde überglücklich.

Einen ganz besonderen Glücksmoment erlebte die junge Frau, als der Papa ihr das erste selbst verdiente Geld auszahlte. Fritz Habegger hatte in der seit Langem leer stehenden Scheune des Schweikhofes einige moderne Getreidesortiermaschinen aufgestellt. Sie trennten nicht die Spreu vom Weizen, sondern den gesunden Roggen vom Mutterkorn. Dieses filzartige Horngeflecht verkaufte er

Mathilde im Rollstuhl mit Ueli,
der kleinen Marianne und Christine
(von links nach rechts)

dann an die chemische Industrie. Das ergab ein erfreuliches und willkommenes Zusatzeinkommen für die gewachsene Familie. Ein paar Frauen aus der Gegend überwachten abwechselnd die automatische Anlage und versorgten das sortierte Gut und den Abfall. Zuweilen musste das Dreschgut aber auch von Hand sortiert werden, wenn es zu grob und deshalb für die Maschinen nicht geeignet war.

Das war nun eine Aufgabe, die auch Mathilde leisten konnte. Unter der geduldigen Anleitung der Mama lernte die Tochter, auf einem Sortiertisch mit dem rechten Zeigefinger und dem Handballen das Mutterkorn von den Ährenresten und den übrigen Roggenkörnern zu trennen und in ein in der Platte versenktes Gefäß zu schieben. Nach einer gewissen Übungszeit beherrschte die junge Frau die Technik so gut, dass sie in ihrem Sortierstübchen in der Scheune völlig selbstständig arbeiten konnte.

Wenn sie wollte, hörte sie dabei schöne klassische Musik vom Plattenspieler oder auch Radiosendungen. Die Technik dafür hatte ihr der Papa in ihrem Arbeitsstübchen eingerichtet. Dort verbrachten die angestellten Frauen auch ihre Pausen, leisteten Mathilde Gesellschaft und öffneten durch ihr Erzählen von Ereignissen aus dem Dorf, aus dem Tal, dem Land und der weiten Welt Mathilde ganz neue Horizonte.

Wie war die junge Frau jetzt so glücklich! Endlich war sie auch ein nützlicher Mensch und konnte an vielem teilhaben, was ihr bis jetzt fremd gewesen war. Das ausgelesene reine Mutterkorn wurde gewogen, und der Vater bezahlte dann nach dem Gewicht. Ein Pfund Mutterkorn ergab zehn Franken. Geld für ihre Arbeit zu bekommen, machte Mathilde noch glücklicher. Jetzt war sie auch ein Mensch, der nicht mehr nur anderen auf der Tasche lag, sondern der mit seinen eigenen Händen etwas verdienen konnte – wenn es auch nur ein geringes Taschengeld war. Sie jubelte, als sie die ersten selbst verdienten Franken in der Hand hielt.

Für Frieda war die Neuerung auf dem Hof eine wesentliche Entlastung, war ihre behinderte Tochter künftig doch viel ausgeglichener und ruhiger. Dazu kam, dass Mathilde eine besondere Freude an ihrem behindertengerechten neuen Badezimmer hatte. Ab und zu durfte sie auch mit der Mama zum Einkaufen fahren und mit eigenem Geld bezahlen. Dies alles trug wesentlich dazu bei, dass Mathildes Selbstwertgefühl gestärkt wurde. Was solche äußerlichen Veränderungen in einem Menschen doch alles bewirken konnten!

Für Frieda hatte der neue Arbeitszweig ihres Mannes einen weiteren Vorteil, hatte sie doch immer wieder einmal ihre eigene Mutter auf dem Schweikhof, die sich gerne in die Arbeit der Getreidesortierung einbrachte und bei anderen Dingen mithalf. Seit Friedas Vater 1962 den Hof in Schwand-Heimisbach an seinen Sohn Hans weitergegeben hatte, lebten die Eltern im eigens für sie gebauten Altenteil auf dem Hof. Jetzt hatte Friedas Mutter Zeit, jetzt war sie frei von ihren Pflichten als Bäuerin. Endlich konnte sie ausgiebig erleben, was ihr früherer Rat an Tochter Frieda bewirkt hatte. Wie hatte sie doch vor Jahren mit einem Wort von Franz von Sales geraten? „Begegne dem, was auf dich zukommt, nicht mit Angst, sondern mit Hoffnung." Diesen Rat hatte die Tochter dann auch befolgt, ebenso wie dem anderen, der in die Anfangsunsicherheiten auf dem Schweikhof hineingesprochen gewesen war: „Es hilft nichts anderes, als die Kinder lieb zu haben." Das hatte Frieda dann auch beherzigt, und seitdem sie es konnte, überwog in ihrer Familie das gute, gedeihliche Miteinander. Sie nahm es als großes Geschenk. Es war wie in dem Spruch, den ihre Mutter ihr schon in der Kinderzeit immer wieder gesagt hatte und der sie durch viele Jahre begleitete:

Gnade muss es sein,
Gnade ganz allein,
alles andere geht in Stücke,
ist nur eine falsche Krücke.

Gnade muss es sein,
Gnade ganz allein.

So konnte das alles auch gerne noch eine gute Weile weitergehen. Die guten, festen Wanderschuhe gaben den Füßen Halt, und ihre Sohlen waren längst noch nicht abgelaufen. Dass der Wunsch, Flügel zu besitzen, immer wieder einmal auftauchte, hatte höchstens damit zu tun, dass die Arbeit in der großen Familie auf dem Schweikhof selten ein wirkliches Ausruhen zuließ. An einen richtigen Urlaub allein oder zu zweit mit ihrem geliebten Mann oder gar mit der ganzen Familie war nicht zu denken.

Dann aber gab es im frühen Jahr 1966 ein Ereignis, das den Schweikhof und seine Bewohner zutiefst erschütterte. Da mochten selbst die gewohnten „Wanderschuhe" den Dienst verweigern, und Flügel trugen schon mal gar nicht mehr.

Frieda hatte sich für einen Nachmittag die Zeit genommen, einen Krankenbesuch bei einer älteren bettlägerigen Frau aus der Gemeinde in Affoltern zu machen. Zu Hause war sie für die Zeit entbehrlich, denn Susanne hatte von ihrer beruflichen Arbeit, der sie inzwischen nachging, frei und kümmerte sich um Mathilde und um ihre jüngeren Geschwister.

Die beiden Frauen in der kleinen Krankenstube unterhielten sich gerade über die manchmal merkwürdigen Wege, die der allmächtige Gott und Vater im Himmel zuweilen mit seinen Kindern ging.

Während sie noch sprachen, wurde das Glöckchen an

der Haustür geläutet. Die Besucherin ging nach vorne, um zu schauen, was denn sei. Kreidebleich kam sie in die Stube zurück. „Das Läuten galt mir. Ich muss leider bald gehen, Anna. Irgendetwas ist mit Peter passiert. Man hat Fritz schon von seiner Arbeit gerufen. Er kommt vorbei und holt mich ab. Wir müssen schnellstens nach Bern in die Klinik."

Die Kranke in ihrem Bett bekam einen ähnlichen Schrecken, wie Frieda ihn schon bekommen hatte. Da hatten sie beide gerade darüber gesprochen, wie merkwürdig Gott manchmal … Die Frau atmete einmal schwer und sagte dann, als habe sie eine böse Vorahnung: „Denk dran, Frieda: ‚Dennoch bleibe ich stets an dir, denn du hältst mich bei meiner rechten Hand.' – Fahrt mit Gott. Der sei euch und eurem Peter gnädig. Ich bete für euch."

Wenige Minuten später saß Frieda neben ihrem Fritz im Auto. Die Fragen, die sie ihrem Mann auf der Fahrt nach Bern stellte, konnte der auch nicht beantworten. Man hatte ihn lediglich darüber informiert, dass Peter mit seinem Chef im Auto zu einer Montage unterwegs gewesen sei und die beiden bei Burgdorf mit einem schweren Lkw kollidiert seien. Peter sei sofort in die Neurologie des Insel-Hospitals nach Bern transportiert worden. Er sei schwer verletzt, und es sehe nicht gut aus.

„Bete, Frieda", seufzte Fritz. Er hatte offenbar einen dicken Kloß im Hals. „Ich muss mich aufs Fahren konzentrieren. Es darf nicht noch ein Unfall passieren."

„Haben die Kinder zu Hause irgendeine Nachricht?", fragte Frieda noch.

„Ich habe Susanne ausrichten lassen, wir seien plötzlich

notwendig unterwegs nach Bern und kämen erst spät zurück. Sie möge sich um alles kümmern. Vroni käme dann ja auch nach Hause und würde helfen. Von einem Unfall wissen die Kinder nichts. Es reicht, wenn wir ihnen später berichten."

Nach dieser Auskunft des Mannes wurde im Auto nichts mehr gesprochen. Die Eltern hingen ihren Gedanken nach, schrien wohl innerlich zu Gott und beteten um sein Erbarmen für ihren Jungen. Die Worte „schwer verletzt" und „nicht gut" malten ihnen die schwärzesten Bilder vor Augen. Peter war doch so ein liebenswürdiger junger Mann, noch keine neunzehn Jahre alt. Wie freute er sich an den kleinen Geschwistern und war stets bereit, Frieda zu helfen.

„Gott, erbarme dich über den Jungen", bat Frieda. „Lass ihn, lass mich, lass uns jetzt nicht allein und halte uns fest bei dir, was auch kommen mag."

Die Situation, die die beiden Habeggers im Insel-Hospital antrafen, war schlimmer als befürchtet. Nach Stunden der Wartezeit konnten sie lediglich einen Blick durch die Scheibe auf ihren Sohn werfen. Der Junge lag mit völlig verbundenem Kopf auf einem Bett und war durch eine Menge Schläuche an irgendeine Technik angeschlossen. Das sah furchterregend aus, und es stand auch wirklich nicht gut um Peter. „Schädelbruch, schweres Schädel-Hirn-Trauma und dazu innere Verletzungen", teilte man den Eltern mit. Man könne nicht voraussagen, wann der Patient aus seinem tiefen Koma erwache. Es stünde sehr ernst um den jungen Mann.

Jede Änderung seines Befindens werde ihnen natürlich sofort mitgeteilt. Selbstverständlich dürften sie sich jederzeit nach ihrem Sohn erkundigen und auch dazu ins Haus kommen.

Nach der Rückkehr der Eltern aus Bern und nach ihrem Bericht am Stubentisch machte sich auf dem Schweikhof eine erschrockene, jede Geschäftigkeit lähmende traurige Stimmung breit. Alle Gedanken und Gespräche drehten sich nur um Peter. Immer wieder falteten sie die Hände zum Gebet für den jungen Mann. „Weiß ich den Weg auch nicht, du weißt ihn wohl ... Du weißt, woher der Wind so stürmisch weht, und du gebietest ihm, kommst nie zu spät ...“ Hoffentlich, hoffentlich gebot Gott dem Wind ... hoffentlich!

Am Sonntag, dem 27. Februar 1966, starb Peter, ohne das Bewusstsein wiedererlangt zu haben. An diesem Tag zog auf dem Schweikhof eine tiefe Trauer ein und ein unendlich verzweifeltes Fragen nach dem Warum dieses unbegreiflichen Geschehens.

Keiner der vielen Kondolenzbesucher wusste eine Antwort. Auch die Mediziner hatten keine gewusst. Oder war der Hinweis des Hirnspezialisten der Klinik, übrigens ein frommer befreundeter Dienstkamerad von Fritz Habegger, doch schon eine Antwort gewesen? Der Arzt hatte den zutiefst bekümmerten Eltern mitgeteilt, dass Gott keinen Fehler gemacht habe, indem er Peter sterben ließ. Sie hätten andernfalls ein zweites Kind im Rollstuhl bekommen, dessen Pflege wahrscheinlich schwerer geworden wäre als die von Mathilde.

Auf die Todesanzeige setzten sie ein Wort aus Johannes 13,7: „Was ich tue, das verstehst du jetzt nicht; du wirst es aber hernach erfahren.“

Der Gemeindepfarrer bemühte sich sehr, bei der Beerdigung vor einer großen Trauergemeinde hilfreiche Gedanken weiterzugeben. Er wies zwar nachdrücklich darauf hin, dass Gottes Lebensuhren für die Menschen häufig anders liefen, als die sich das wünschten. Aber wer mit David aus dem 31. Psalm beten könne: „Ich aber, Herr, hoffe auf dich und spreche: Meine Zeit steht in deinen Händen“, der werde auch mit Mose nach dem 90. Psalm beten: „Lehre uns bedenken, dass wir sterben müssen, auf dass wir klug werden.“

Diese Klugheit, die einzig wahre Klugheit auf Erden, lehre es, zu begreifen und anzunehmen, dass Jesus Christus seinen Jüngern versprochen habe: „Ich lebe und ihr sollt auch leben!“ Schließlich habe der Gottessohn nach Johannes 11 von sich selbst gesagt, er sei die Auferstehung und das Leben, und wer an ihn glaube, der habe *das* Leben. Er, der Pfarrer, wisse von Peter, und andere wüssten das ja wohl auch, dass der junge Mann in diesem Sinne klug gewesen sei und diese Botschaft begriffen und angenommen habe. Also habe Peter das Ziel seines jungen Lebens und Glaubens erreicht. Diese Tatsache möge den trauernden Eltern und Geschwistern in ihrem tiefen Schmerz und auch allen andern Trauernden zum Trost gereichen.

Die folgenden Wochen wurden schwer für alle auf dem Schweikhof. Da fehlte täglich das muntere „Grüezi!“ des von seiner Arbeit heimkehrenden Jungen. Da war immer der leere Platz am Tisch. Da fehlte die helfende Hand für den Vater und auch für die Mutter. Für die Kleinen, die ihn täglich am Tor erwartet hatten, fehlte der große Spielkamerad, und für Mathilde fehlten seine starken Arme.

Die Familie 1967 (ohne Peter; Katrin war noch nicht geboren); von links nach rechts: Fritz, Frieda, Marianne, Susanne, Veronika, Ruth; vordere Reihe: Christine, Mathilde, Ueli

Peter fehlte einfach überall und ihre Fragen blieben unbeantwortet.

Erst nach und nach wurde die Frage dann doch überlagert von der Gewissheit, dass Peter dort war, wo er bereits als junger Mensch den Herrn schauen konnte, an den er geglaubt hatte. Und so kehrte trotz des schmerzlichen Verlustes doch wieder der Alltag auf dem Schweikhof ein. Nach einigen Monaten ging Fritz wieder zu den „Werktagsschützen". Diese Vereinigung war von seinem Vater gegründet worden. Sie hatte sich den merkwürdigen Namen gegeben, um sich von Schützenvereinen abzugrenzen, die den Sonntag zu Vereinstreffen und Schießübungen nutzten.

Nach einem Vereinsabend der Schützen brachte Fritz Habegger einen farbigen Prospekt mit, in dem eine neue Waffe gezeigt, beschrieben und angeboten wurde. Ein Sturmgewehr! Was für ein Feuereisen! Ein Prachtstück von Gewehr! Mit diesem Gewehr sei neuerdings die Armee ausgerüstet, und seit Kurzem sei es auch für den Privatbesitz freigegeben. Das wäre was, wenn er mit diesem Gewehr beim nächsten Schießen der Vorstände aus den Vereinen der Region auftreten könnte. Leider war der Preis nicht angegeben. Allerdings ahnte Fritz, dass es nicht gerade billig war, dass es eher für ihn zu teuer war.

„Nein, meine liebe Frieda, das können wir uns nicht leisten", beendete der Mann das Gespräch um die edle Waffe. „Vergessen wir es wieder. Lassen wir es bei dem kurzen schönen Traum und bei meinem alten Karabiner. Und außerdem – es wäre wohl auch ein wenig angeberisch, mit diesem Gerät aufzutreten. Das steht mir auch als trauerndem Vater und frommem Hauptmann nicht an." Mit einem leichten Seufzer legte er den Waffenprospekt auf den Stapel Zeitungen, die am nächsten Tag entsorgt werden sollten. Damit war für ihn die Sache erledigt.

Erledigt war sie allerdings nicht für seine Frau. Frieda nahm später den Prospekt an sich und überlegte, wie sie ihrem geliebten Mann seinen Wunsch erfüllen konnte.

Also: Wie hieß doch der Satz, der sie seit einiger Zeit immer wieder beschäftigte? Frieda hatte ihn irgendwo in einer Zeitschrift gelesen: „Streut Blumen der Liebe bei Lebenszeit." Blumen der Liebe? Konnte das Sturmgewehr nicht so etwas sein wie ein Strauß Blumen der Liebe? Das Geld dafür war da, hatte sie doch seit drei Jahren immer wieder einmal einen Schein von ihrem Haushaltsgeld abgezweigt und heimlich zurückgelegt für etwas ganz Besonderes, vielleicht für einen Urlaub. Aber Urlaubmachen war gar nicht so die Sache ihres Mannes. Verurteilt zu sein, gleich mehrere Tage nicht zu arbeiten, das lag Fritz nicht. Mal für einen Tag irgendwo hinzufahren, mal ein Konzert oder ein Theater zu besuchen oder einfach irgendwo an einem besonderen Ort schön essen zu gehen, das mochte ihm schon gefallen. Er zitierte immer wieder einmal den Ausspruch des Dichters vom Emmental, Jeremias Gotthelf, der unter anderem im Gasthof „Bären" im benachbarten Sumiswald seine berühmte Novelle „Die schwarze Spinne" geschrieben hatte: „Mahlzeiten sind im Leben wie Sterne in mondloser Nacht." Diese „Sterne in mondloser Nacht", ein Essen, gab es hin und wieder einmal zu Hause. Warum also sollte sie das Geld aus der Schatulle nicht auch für das begehrte Gewehr hergeben?

In einem passenden Moment holte sie die besondere Schatulle aus ihrem Versteck hervor und zählte die Summe nach, die sich in den Jahren angesammelt hatte. Wenn sie ausreichte, das Gewehr zu kaufen, wäre das wunderbar!

Bald darauf fuhr Frieda mit Ueli zu einem bekannten Büchsenmacher ins Nachbardorf und ließ sich die Waffe zeigen. Sie hatte zwar nicht viel Ahnung von Gewehren, aber dieses schien ihr wirklich ein Prachtstück zu sein. Als es sich dann ergab, dass der Preis ziemlich genau mit der Summe aus dem geheimen Kästchen übereinstimmte, war der Kauf keine Frage mehr. Frieda ließ sich die Waffe hübsch als Geschenk einpacken, füllte die notwendigen

Lizenzpapiere aus und machte sich überglücklich auf den Heimweg, beschwingt von schelmischer Vorfreude. Das sollte für ihren geliebten Fritz ein herrlicher Strauß „Blumen der Liebe“ werden! Würde der Augen machen!

Zu Hause trug Frieda in einem unbeobachteten Moment das Paket ins Schlafzimmer und verbarg es unter der Bettdecke ihres Mannes. Wenn der am Abend die Decke zurückschlug, um sich zum Schlafen hinzulegen …

Der Abend kam mit allem, was sich im Haus üblicherweise abspielte mit Essen, Kinder ins Bett bringen, aufräumen, noch ein wenig in der Stube sitzen und Musik hören und miteinander reden. Friedas erwartungsvolle Spannung stieg von Minute zu Minute. Sie sagte schließlich, sie ginge schon einmal ins Bett. Sie sei müde. Sie hoffte, Fritz würde bald nachkommen. Das freilich dauerte noch eine Weile. Friedas Geduld wurde auf eine harte Probe gestellt. Was machte der Mann denn noch?

Endlich kam Fritz gemächlich daher, verschwand im Badezimmer, zog sich für die Nacht um, kam ins Schlafzimmer und schickte sich an, sein Bett aufzudecken. Jetzt kam der Moment der Überraschung! Frieda hielt für einen Augenblick gespannt die Luft an und schaute mit erwartungsvollen Augen zu ihrem Mann auf die andere Seite des Ehebettes.

„Was meinst du, soll ich kommen und dich ein bisschen anwärmen?“, fragte er gut gelaunt.

Sie schüttelte den Kopf. Jetzt riss ihr endgültig der Geduldsfaden. „Zum Donnerwetter, geh endlich in dein Bett!“, rief sie.

Überrascht schlug er die Decke zurück. „Was ist das?“,

fragte er ahnungslos und nahm den langen, schmalen, eingepackten Gegenstand in die Hände.

„Pack's doch aus!", rief Frieda.

Was Fritz dann auch tat, sehr vorsichtig und sorgfältig. Als die Überraschung zum Vorschein kam, verschlug es dem Mann im Nachthemd die Sprache. Tränen traten ihm in die Augen, als er schließlich das Sturmgewehr in den Händen hielt, von dem er geschwärmt und geträumt hatte. „Friedali! Was hast du gemacht?!", brachte er dann doch endlich heraus. Dabei betrachtete er die Waffe von vorne und von hinten, streichelte sie zärtlich, legte sie an, peilte über Kimme und Korn mit dem Finger am Abzug – selbstverständlich mit dem Lauf zum Fenster hin –, paradierte mit ihr und küsste den aus edlem Holz geformten Kolben mit selig geschlossenen Augen.

Frieda hatte ihre stille Freude an diesen Momenten. So glücklich hatte sie ihren Mann lange nicht gesehen. „Blumen der Liebe ..." Aber dann meinte sie, dass es genug sein müsse mit der Liebkosung der Waffe. Sie sei auch noch da. Jetzt musste sie ausführlich berichten, wie was wann wo ... Die Antwort auf die Frage nach der Rechnung und dem Preis verweigerte sie allerdings. Die Rechnung sei bezahlt, und den Preis für das Gewehr erführe er irgendwann später. Für Zahlen sei diese Nachtstunde ohnehin nicht gut. Die Auskunft müsse ihm jetzt genügen. Damit löschte sie das Licht und griff im Dunkeln nach seiner Hand.

„Das Gewehr könnte Ueli ja eines Tages erben", sagte Frieda.

„Vielleicht wird Ueli ja auch einmal Schütze, wenn er groß ist", überlegte Fritz.

„Damit er dann auch den Kaiserkronen die Köpfe abschießen kann, wie sein großer Bruder, und sie nachher mit Salbe und Mullverbänden versorgt, damit sie wieder anwachsen“, lachte Frieda in der Erinnerung an diesen Jungenstreich von Peter.

„Das werde ich Ueli vorher gründlich verbieten“, gab Fritz zurück und musste dabei auch lachen.

Ueli wurde älter und groß, natürlich. Seinen Geschwistern ging es ebenso, und auch für Vater und Mutter blieb die Zeit nicht stehen. Aber sie ging doch beinahe ein ganzes Jahrzehnt lang weiter auf Wegen, die überwiegend von der freundlichen Sonne Gottes beschienen wurden. Die Füße in den Wanderschuhen, die ihr Bleigewicht verloren hatten, bekamen für Frieda keine wesentlichen Druckstellen oder gar Blasen. Das Verhältnis zu ihrem Fritz war und blieb gut, das zu ihren Kindern ebenso. Bald kamen dann auch Schwiegerkinder dazu. Ruth heiratete ihren Heinz, Susanne ihren Hansjörg. Liebenswerte Schwiegersöhne, die „Mama“ oder „Mutti“ zu ihr sagten, wie es ihre Frauen auch taten. Die einen wohnten in Bern, die anderen in Sumiswald.

In beiden Familien wurden bald Kinder geboren, die zur Freude der Großeltern und des Onkels und der Tanten, besonders der Tante im Rollstuhl, immer wieder einmal neues fröhliches Kinderlachen auf den Schweikhof brachten. Seit Veronika in Langnau im Emmental wohnte, blieben den Eheleuten Habegger nur noch ihre gemeinsamen Kinder im Haus und dazu Mathilde.

In den Zeiten der ersten Besuche ihrer späteren Schwäger haderte Mathilde manchmal wieder mit ihrem Schicksal. Sie hatte inzwischen die dreißig überschritten. Ihr ohnehin enger Lebensraum wurde für sie auf neue Weise bedrängend. Schienen die Gitterstäbe durch ihre gewonnene Mobilität ein wenig auseinandergerückt zu sein, schoben sie sich jetzt angesichts der Liebesbeziehungen ihrer Schwestern wieder dichter zusammen. Mathilde war doch auch eine Frau, und sie hatte, wie jede Frau ihres Alters, Wünsche, Sehnsüchte und Empfindungen und besonderes Herzklopfen, wenn gut aussehende und nette junge Männer im Haus waren und sich um sie kümmerten.

Es war eine Not für sie, keinen Freund zu bekommen, nie heiraten, nie Mutter sein zu können.

Frieda gelang es manchmal mit Geduld und Liebe, ihrer behinderten Tochter deutlich zu machen, dass es nicht darauf ankomme, im Leben große Erfolge zu haben, sondern darauf, leuchtende Spuren zu hinterlassen. Und das habe sie doch reichlich getan durch ihr dennoch fröhliches, dankbares Wesen, durch ihren gelebten Glauben, durch ihr Beten für die Patenkinder und für viele bekannte und unbekannte Menschen, durch die Ausstrahlung, die sie umgebe, die Atmosphäre, die sie verbreite. Der Segen, der von ihr ausgehe, sei wirklich spürbar.

Die Mutter erinnerte gerne an diese Worte eines Seelsorgers, die sie gut im Gedächtnis hatte. „Sie sind ein wertvoller Mensch, Mathilde“, hatte der Mann damals gesagt. „Ihre Behinderung ist wahrlich schwer, und sie wird auch bleiben. Aber es gibt Höheres, Wichtigeres als den Körper.“

Die Erinnerung an diesen Zuspruch tat Mathilde gut und öffnete ihr wieder die Augen für ihre Lebenswirklichkeit und die Wirkungsmöglichkeiten, die für sie darin enthalten waren. Noch froher wurde sie, als Ruth und Susanne der Tante im Rollstuhl die ersten Nichten und Neffen in die Arme legten. Damit machten sie ihr deutlich, dass sie auch für diese neuen Kleinen eine Verantwortung habe.

Die trüben Stimmungen verschwanden schließlich ganz, als Mathilde bei einer Freizeit für behinderte Menschen erkannte – ihre Mama hatte sie mehr oder weniger zur Teilnahme „gezwungen" –, wie gut sie es in ihrem persönlichen Umfeld doch hatte. So gut hatte es niemand von den Leuten, mit denen sie in den zwei Wochen zusammen war. Viele wurden unter ihren Verwandten herumgeschoben, dann in einem Heim „abgestellt", sodass sie sich nirgends richtig geliebt und angenommen fühlten.

Sie hatten auch nicht so liebe, verständnisvolle und hilfsbereite Geschwister. Und die wenigsten kannten einen Heiland, der es gut mit ihnen meinte, mit dem sie ihre eigenen Lebensprobleme besprechen und dem sie die Nöte und Freuden anderer sagen konnten.

„Mama, ich habe es von allen am besten. Ich freue mich, wieder daheim zu sein!" Mathilde mochte ihrer Mutter keine größere Freude bereiten, als ihr das nach ihrer Rückkehr aus der Freizeit mit der Tabelle zu sagen. Frieda konnte wieder einmal dafür danken, dass ihr Einsatz für Mathilde nicht vergeblich war.

Das mit dem „daheim sein" bekam dann im Jahr 1975 gleich zweimal eine ganz neue Bedeutung. Im Januar starb in Schwand-Heimisbach ganz unerwartet Friedas Vater. Sein plötzlicher Tod hinterließ eine Lücke für seine Frau und ebenso für seine zahlreichen Kinder und Kindeskinder. Auch auf dem Schweikhof zog Trauer um Opa Ernst Schlüchter ein, der mit der Zeit – zu Friedas großer Freude – seinem nur um wenige Jahre jüngeren Schwiegersohn zum guten Freund und Ratgeber geworden war. Aber das eigentliche Trauerhaus war doch weit weg. Das Leid um den Verstorbenen war nur dann spürbar, wenn Oma Luise gelegentlich zu Besuch kam. So ging für Frieda und ihre Familie das Leben bald weiter in seinen üblichen Bahnen – bis der Schweikhof im Juni eine erneute heftige Erschütterung erfuhr.

Der Sommer über dem Emmental begann mit einer Reihe von sehr heißen Tagen. Die Luft war tagsüber dumpf und schwül, und nachts kühlte sie sich kaum ab. Um vier Wochen vorgezogene Hundstage waren das! Sporadische Gewitter brachten kaum Erleichterung, nur mächtig viel Donner und Blitz und eine Menge Wasser. Waren die Wetter dann hinter dem Berg Napf verschwunden, stand die Hitze bereits wieder über dem Land, sodass sogar die Gesunden erneut zu stöhnen hatten. Kranke stöhnten noch mehr. Zu diesen Menschen gehörte auch Mathilde, inzwischen sechsunddreißig Jahre alt. Ihr ging es in diesen Tagen überhaupt nicht gut. Ihr Körper krampfte wie lange nicht mehr, ihr Leib wurde von zuckenden Nerven in Bewegung gehalten und ständig hin und her gerissen. Ihre Arme und Hände gehorchten ihr nicht. Auch ihre Stimme konnte sie nicht gebrauchen.

Alle über die Jahre mühsam erworbenen Fähigkeiten und Fertigkeiten verweigerten der Kranken den Dienst. Mathilde geriet in einen Zustand, der ihren jüngeren Geschwistern Angst einjagte und auch die Eltern in zunehmende Unruhe versetzte. Was war nur mit Mathilde los?

Keiner konnte dazu etwas sagen, auch nicht der herbeigerufene Arzt, sie selbst am allerwenigsten.

Frieda kümmerte sich rührend um ihre Älteste, der Vater ebenso. Auch die jüngeren Geschwister halfen, wo sie konnten. Aber keine Pflege und kein Versuch, sie abzulenken und zu beruhigen, zeigte an der armen Tochter irgendeine Wirkung. Mathildes Kräfte nahmen spürbar ab.

Am Abend des letzten Juni-Samstags wurde es so schlimm mit ihr, dass sie beim Abendessen fast erstickt wäre. Jetzt blieb nur noch das Spital. In höchster Eile packten Fritz und Frieda Habegger ihre Mathilde ins Auto und brachten sie ins nächstgelegene Krankenhaus. Bei ihrer Ankunft war die Aufnahme bereits bestens vorbereitet. Christine, inzwischen vierzehn, hatte die Eltern mit der Schwester schon telefonisch angemeldet.

Mathilde war bei der Ankunft im Krankenhaus nicht mehr ansprechbar. Ihr Kreislauf spielte total verrückt. Sie hatte hohes Fieber. Die Ärzte gaben sich alle Mühe, die Bewusstlose zurückzuholen, ihren Körper zu beruhigen und das Fieber zu senken. Das alles gelang zunächst nicht. Dennoch sei der Fall keineswegs final und auch nicht hoffnungslos, wurde den Eltern gesagt. Sie sollten vorerst nach Hause fahren. Sie bekämen Nachricht, wenn sich der Zustand der Tochter verändern würde.

Die Information, die am späten Abend noch telefonisch durchgegeben wurde, klang beruhigend. Jeder in der Habegger-Familie legte Mathildes Leben in stillen Gebeten in Gottes Hand.

Gott erhörte sie auf seine Weise. Als die sechs Habeggers am Sonntagmorgen nach unruhiger Nacht in der

Stube versammelt waren, kam der Anruf aus dem Spital: Mathilde war in der Nacht gestorben, ganz sanft eingeschlafen und in ihr ewiges Zuhause gegangen.

Die Nachricht schlug in der Stube ein wie der Blitz vor ein paar Tagen in einen der Hofbäume. Während sich die Eltern stumm in den Armen hielten, kamen den Jungen die Tränen. Mathilde war gestorben! Die Schwester war tot! Die Patentante sollte nie mehr nach Hause kommen, nie mehr in ihrem Rollstuhl auf sie warten …

Die Eltern hatten Mühe, ihre Kinder zu beruhigen und zugleich mit ihren eigenen, widersprüchlichen Gefühlen klarzukommen. In denen waren Schmerz und Trauer zwar groß, aber es schwang in ihnen doch so etwas wie Erleichterung mit. Schmerz und Trauer, die geliebte Tochter verloren zu haben und für immer abgeben zu müssen; Erleichterung darüber, dass dieser arme Mensch endlich seinen engen körperlichen Käfig hatte eintauschen dürfen gegen die unendliche Freiheit der göttlichen Ewigkeit. Mathilde hatte doch selbst in letzter Zeit immer häufiger davon gesprochen, dass sie sich wünschte, sterben zu können, zu ihrem Herrn gehen zu dürfen, bei dem sie endlich für immer gesund würde. Jetzt war sie für immer gesund.

Der Mama und dem Papa gelang es schließlich, Christine, Ueli, Marianne und Katrin zu beruhigen: „Habt ihr nicht gestern Abend selbst darum gebetet, dass der Vater im Himmel eure Schwester nach Hause bringt? Schaut, Gott hat sie nach Hause gebracht, in sein himmlisches Zuhause, wo sie gerne hinwollte."

„Nicht wahr, Mama", meldete sich Ueli schluchzend zu Wort, „dort hat Mathilde es jetzt besser."

„Da wird ihr Körper nicht mehr dauernd geschüttelt",

ergänzte Marianne und wischte sich dabei über das Gesicht.

„Und da braucht sie nicht mehr mit ihrer Stimme zu krächzen. Da kann sie singen, was ihr hier nie gelungen ist." Diese Worte von Katrin klangen ein wenig nach Mitfreude.

„Ihr habt recht, Kinder", fasste der Vater zusammen. „Und darum wollen wir nicht nur weinen, weil Mathilde jetzt nicht mehr da ist. Und das will ich euch sagen: Ihr seid für Mathilde gute Geschwister gewesen. Ihr habt ihr geholfen und sie lieb gehabt."

„Und wer betet jetzt für uns?", fragte Christine und wischte sich die Augen trocken. „Mathilde war doch für uns alle die Patentante, die immer für uns gebetet hat."

Frieda atmete ein paar Mal tief durch und sagte dann: „Ihr habt recht. Niemand hat so treu für euch gebetet wie Mathilde."

Die Beerdigung am folgenden Mittwoch wurde zu einem Fest. Die Trauergemeinde, die sich vor dem Gang zum Friedhof in Affoltern zum Abschied von Mathilde auf dem Schweikhof zusammenfand, erlebte eine ergreifende Feier. Pfarrer Wenger hielt eine bewegende Ansprache über Psalm 68, Vers 20, mit dem einprägsamen Dreiklang: „Gelobt sei der Herr täglich. – Gott legt uns eine Last auf. – Aber er hilft uns auch." Er schloss seine Predigt mit einem Ausspruch von Dietrich Bonhoeffer: „‚Die Dankbarkeit verwandelt die Erinnerung in eine stille Freude. Man trägt das vergangene Schöne wie ein kostbares Geschenk in sich.' – Möge die Spur, die Mathilde Habegger hinterlässt, noch lange leuchten bei all denen, die sie kannten."

Das war ein gutes Wort auf den Weg für die trauernde Familie, für alle ihre Freunde und für jeden, der an Mathildes Schicksal Anteil genommen hatte.

Abenteuerliche Reise

Auf dem Schweikhof oberhalb von Weier kehrte mit diesem Julitag 1975 eine merkwürdige Stille ein. Eine tiefe Leere breitete sich im Haus und auf dem Hof aus. Mathilde war nicht mehr da! Sie fehlte zu jeder Tageszeit und an allen Orten. Kein krächzendes Singen mehr aus dem Badezimmer, kein Seufzen mehr aus dem Bett oder aus einer der Stuben, kein verzweifeltes Schimpfen mehr, wenn irgendetwas wieder nicht gelingen wollte. Kein Rufen, Lachen und Jauchzen mehr aus ihrem Rollstuhl, keine klassische Musik mehr und auch keine Volksmusik, die sie sich zuletzt mit ihrem krummen Zeigefinger selbst hatte einschalten können … Guter Gott, warum?

Oder musste es nicht doch besser heißen: Gott, wozu? Frieda hatte plötzlich viel Zeit. So viel Zeit hatte sie in ihren bald zwanzig Jahren auf dem Hof noch nie gehabt. Wozu sollte sie sie verwenden? Für sich, für ihren Mann, für ihre vier Kinder, für anderes, für völlig Neues? In den ersten Wochen ohne die behinderte Tochter fehlten Frieda die Ideen, wie sie die gewonnene Zeit ausfüllen könnte. Ihre Haus- und Hofarbeit hatte sie immer rasch erledigt, wie das bis vor Kurzem notwendig und auch eingeübt war.

Flügel müsste man haben, ging es ihr jetzt zuweilen wieder durch den Kopf, um über den Zeiten schweben zu können und zu schauen, wie es weiterging. Hatte sie sich nicht schon als Kind immer wieder gewünscht, Flügel zu besitzen? Kräftige Schwingen, wie sie die Bussarde und Milane ihrer Heimat oben im Schwand bei Heimisbach hatten, die manchmal im Sonnenlicht so herrlich glänzten? Wie gerne wäre sie damals mit denen vom einsam gelegenen Hof hinunter ins Tal geflogen, an der Dorfschule vorbei nach drüben zur Sekundarschule in Wasen. Die zu besuchen hatte ihr gestrenger Vater aus verschiedenen Gründen nicht zugelassen. Seinen drei Söhnen und acht Töchtern musste die Grundbildung genügen. Ihnen allen hatte er gute, feste Lauf- und Arbeitsschuhe verordnet. Die sollten für das Leben reichen. Fleißig arbeiten zu können, genüge fürs Leben, und deswegen hatten auch ihr, Frieda, der Dritten in der Reihe der Schlüchter-Kinder, die Schuhe reichen müssen, die sie zur Schule nach Heimisbach hinunter und wieder herauf in den Schwand an den Füßen trug.

Aber Frieda war das zu wenig gewesen. Gedanklich hatte sie sich immer wieder von den starken Flügeln ihres eigenen Willens über die Hügel und Täler des Emmentals und weit hinaus ins Land tragen lassen. Mit fünfzehn hatte sie dann tatsächlich Anlauf genommen und sich kräftig in die Höhe und übers Land geschwungen. Die ersten „Landeplätze“ für ihr Leben nach der Schule waren dabei die vergleichsweise nahe liegenden Orte Burgdorf und Münchenbuchsee gewesen. Gute Jahre waren das für sie gewesen, in der Haushaltslehre und der folgenden Mitarbeit in der Wirtschaft einer Sprachheilschule! Arbeit für sich selbst und für andere Menschen!

Später hatten ihre Flügel sie tatsächlich weit aus der Emmentaler Heimat bis hinauf nach England getragen. War das ein Jahr gewesen! In einer ganz neuen Welt zu arbeiten und zugleich eine neue Sprache zu lernen! Diese ferne Welt und ihre so ganz anders geprägten Menschen hatten sie begeistert. Allerdings hatten ihr mit der Zeit doch ihre Schweizer Heimat mit den Bergen und Tälern, Feldern und Wäldern, Pflanzen und Tieren, ihr Emmental mit seinen Menschen und Vertrautheiten gefehlt. Sie hatte sich gerne auf den Flügeln zurück auf den Schwand tragen lassen.

Dort war sie dann zwei Jahre lang auf dem elterlichen Hof mit mehreren Geschwistern eine wichtige und notwendige Hilfe gewesen, bis sie sich in Bern weiter ausbilden ließ. Es waren schöne Jahre, interessante Jahre, Jahre getragen von weiten Schwingen! – Bis sie dann diesen Ausflug nach Weier gemacht hatte, um Lydia zu besuchen, und Gott, an den sie seit ihrer Kindheit glaubte, ihr geboten hatte, für Fritz Habegger und seine Kinder die Flügel gegen gute, feste Wanderschuhe einzutauschen.

Hatte Gott es damit recht gemacht? Er hatte, war sich Frieda sicher. Nein, Gott hatte keinen Fehler gemacht in seiner Gestaltung ihres Lebens. Sie hätte nie einen besseren Mann haben können als ihren Fritz. Sie hätte nie solche Lebenserfahrungen gemacht wie mit seinen fünf Kindern. Sie wäre nie so glücklich geworden wie mit diesem Mann und der großen Familie. Und ohne Mathilde wäre ihr Leben wohl nicht so reich geworden, wie es heute war. Wie sehr ihr dieser liebe Mensch doch fehlte!

Wie sollte es denn jetzt weitergehen? Wie wollte Gott, dass sie die gewonnene Zeit ausfüllte? Sie war doch eine begabte Frau.

Gerne ließ sie sich zunächst in die örtliche „Fürsorgekommission" wählen und kümmerte sich mit um die vielen Tamilen, die als Flüchtlinge in die Schweiz gekommen und ihrer Gemeinde zugewiesen worden waren.

Sollte sie sich darüber hinaus dem örtlichen Gemeinwohl zur Verfügung stellen? Die Verwaltung drüben in Affoltern beauftragte sie, sich um die Koordinierung von Familienhilfen zu kümmern.

Mit der Zeit engagierte sie sich auch im Rat der reformierten Kirchgemeinde des Ortes und im Evangelischen Gemeinschaftswerk, dessen Mitglied sie war, seit sie auf dem Schweikhof lebte.

Die Sekundarschulkommission wählte sie auch als Mitglied. Möglichkeiten, sich für andere einzusetzen, gab es also wahrhaft genug.

Fritz freute sich über ihre neuen Aktivitäten. Gerne wollte er ihr die Möglichkeiten geben, ihre Gaben zu entfalten und sich einzusetzen. Sie sei doch erst dreiundvierzig und dürfe sich gerne engagieren, wo sie es für richtig halte. Seine Unterstützung habe sie in jedem Fall – auch als Dank für ihre Liebe und für all das, was sie in sein Leben und das seiner Kinder hineingebracht habe.

Vorläufig waren Christine, Ueli, Marianne und Katrin noch Schulkinder und brauchten die Mutter jeden Tag. Aber auch Katrin, die mit neun Jahren die Jüngste war, würde ja älter und eines Tages flügge werden. Das Haus würde sich weiter leeren, und irgendwann wartete auf sie beide doch ohnehin das Stöckli, das vor vielen Jahren als Alterssitz neben dem Haupthaus gebaut worden war. Und dort wolle sie nicht gerne nur Däumchen drehen, wenn denn ihre Gesundheit so stabil bliebe, wie sie bisher immer gewesen sei.

In dieser Zeit trat Frieda zudem der regionalen Sektion des Schweizer Hilfswerks der Tibetfreunde bei. Das

Schicksal und das Elend dieses geschundenen Volkes aus dem Himalaja lagen ihr schon länger am Herzen, und wenn sie auch an dieser Stelle in christlicher Nächstenliebe in irgendeiner Weise aktiv werden konnte, dann sollte es ihr sehr recht sein.

Aus eben dieser ehrenamtlichen Tätigkeit entwickelte sich dann tatsächlich ein Engagement, das dem Leben der inzwischen fünfzigjährigen Frau vom Schweikhof Flügel verlieh.

Im Sommer des Jahres 1981 bekam Frieda Habegger einen Anruf von Samra Losinger, einer führenden Mitarbeiterin aus dem Hilfswerk der Tibetfreunde. „Du liebst doch strapaziöse Abenteuer, Frieda", ließ sich die Freundin am anderen Ende der Leitung vernehmen, nachdem die beiden Frauen sich über alles Mögliche ausgetauscht hatten. „Ich biete dir eins an. Hättest du Lust?"

„Zu welchem strapaziösen Abenteuer sollte ich Lust haben, Samra?", fragte Frieda neugierig zurück.

„Uns fehlt noch eine Person zum Quartett", machte es die Anruferin weiter spannend.

„Bitte nicht so dramatisch, Samra", wurde Frieda ein wenig ungeduldig. „Du bietest mir doch sicher kein vergnügliches Kartenspiel an, zu dem die vierte Dame fehlt."

„Nein, das nicht", kam Samra jetzt zur Sache und musste dabei lachen. „Du hast doch ein Herz für Tibeter. Ich biete dir eine Reise nach Indien an. Bisher fliegen wir zu dritt. Zu viert wäre es besser."

„Nach Indien? Wollt ihr dort die tibetischen Flüchtlingskinder besuchen und gar den Dalai Lama treffen?" Friedas Interesse war geweckt. Welch ein Angebot!

„Ob wir sogar den Dalai Lama treffen werden? Wir wissen es noch nicht. Der Mann ist viel unterwegs in der Welt“, antwortete die Anruferin. „Aber es wäre sicher ein besonderer Höhepunkt, wenn es so käme. Wir wollen in erster Linie einige Flüchtlingslager im indischen Punjab besuchen und uns ein eigenes Bild von dem heutigen Lagerleben der Tibeter machen. Es soll auch um neue Projekte und um neue Patenschaften gehen, die wir von der Schweiz aus in Angriff nehmen möchten – nachdem wir unser Land auf die Lage der tibetischen Flüchtlinge aufmerksam gemacht haben, besonders auf die der Kinder. Dabei kommen wir selbstverständlich auch nach Dharamsala. Also was ist, meine liebe Frieda? Bist du dabei?“

Frieda musste einen Moment durchatmen und ihre Gedanken ordnen. Indien, Punjab, tibetische Patenkinder und ihre Lebensbedingungen kennenlernen, in Dharamsala den 14. Dalai Lama treffen, und seine Schwester Pema Gyatso in Bangalore, die Direktorin des tibetischen Erziehungs- und Gesundheitswesens im Gastland Indien. Mit der gab es vom Hilfswerk aus seit Jahren einen regen Briefkontakt.

Nach Indien reisen – das wär's doch! Auf ein solches Abenteuer würde Frieda sich gerne einlassen, wenn ... Laut antwortete sie: „Zugegeben, das Unternehmen reizt mich, auch wenn ich noch nie so weit geflogen bin. Und es ehrt mich, dass du mich fragst. Wenn mein Fritz keine Bedenken gegen ein solches Welt-Unterfangen hat und meine Kinder keine besonderen Einwände vorbringen, dann bin ich dabei, Samra. Wann denkt ihr zu fliegen?“

„Etwa Mitte September, Frieda, und dann für vielleicht

zwei Wochen“, sagte die Freundin. „Nach unseren jetzigen Plänen fliegen wir zunächst von Zürich über Bombay nach Delhi, dann weiter nach Amritsar im Punjab und später noch nach Srinagar im indischen Teil von Kaschmir ganz im Norden. In dieser Region besuchen wir einige Lager und Schulzentren. Irgendwie möchten wir von dort nach Dharamsala kommen, wo der Dalai Lama seinen Sitz hat. Das liegt im indischen Staat Himachal Pradesch. Ob wir noch nach Bangalore im Süden kommen, weiß ich noch nicht. Dort lebt die Schwester des Dalai Lama. Zumindest die meiste Zeit. Mit der habe ich, wie du weißt, seit einiger Zeit Briefkontakt. Im Land werden wir zuweilen mit Bussen oder Jeeps unterwegs sein. – Also …? Denk dran: Vier sind zweimal zwei, und die sind besser als einmal drei. Wir würden uns freuen, wenn du dabei wärst.“

„Wer ist eigentlich ‚wir‘?“, wollte Frieda noch wissen.

„Wir? Das sind Lotti Jakobi, Marlies Kornfeld und ich“, gab Samra Losinger Auskunft. „Du kennst die beiden.“

„Und ich dazu als viertes Rad am Reisewagen? Das könnte interessant und gut werden!“, gab Frieda zustimmend zurück. „Danke für das Angebot, Samra. Gleich heute Abend spreche ich die Sache an, wenn wir hier alle um den Tisch sitzen, und dann gebe ich dir möglichst bald Nachricht.“

Bereits am nächsten Tag bestätigte Frieda Habegger ihrer Freundin die Teilnahme an dem September-Abenteuer „Tibeter in Indien“. Ihr Fritz und die Kinder hatten spontane Begeisterung geäußert und auch nicht den geringsten Einwand laut werden lassen. Die schlichte Landfrau und

Mutter aus dem Schweizer Mittelland würde in Indien persönlich dem Oberhaupt und „Gottkönig" der Tibeter die Hand schütteln! Das war doch was! Mit der Geschichte konnte man unter Freunden und Nachbarn und den bodenständigen Emmentalern mächtig Eindruck machen! Außerdem habe sie sich doch schon immer Flügel gewünscht, hatte Fritz als zusätzliches Argument eingebracht. Jetzt könne sie sich endlich einmal den Flügeln eines mächtigen Adlers anvertrauen, wie es irgendwie ähnlich in Hesekiel 17 zu lesen sei. Da sei von einem solchen Vogel die Rede, der Hilfe in ein Krämerland und in eine Kaufmannsstadt gebracht habe. Wobei der Adler nach Indien hier wohl die Gestalt einer großen Boeing habe oder in dem fernen Land auch die einer kleineren Maschine, hatte Ueli Mut machend angemerkt.

Jedenfalls konnte Frieda ihrer Freundin freudig berichten, dass die Begeisterung für ihre Beteiligung an der Indienreise auf dem Schweikhof groß sei und dass jedes Familienglied das Abenteuer schon jetzt mit in sein Gebet nehmen wollte.

Mitte September waren die Berner Frauen nach gründlicher Vorbereitung dann unterwegs nach Indien, mit einem ersten Aufenthalt in Delhi. Allerdings waren sie nun doch zu fünft, nachdem Samra Losinger ihrer Tochter Fiona die Teilnahme an der Reise ermöglicht hatte.

Für die Fünfzehnjährige aus der beschaulichen Schweiz war der Kulturschock groß angesichts der fremden Welt, die ihr als Erstes in der indischen Hauptstadt entgegenkam. Für ihre Mutter und die drei anderen Frauen war er allerdings nicht nennenswert kleiner. Was für eine Stadt, dieses alte Delhi! Voll unüberschaubaren bunten menschlichen Gewusels auf den Märkten und in den Straßen, voll ständigen vielsprachigen Stimmengewirrs und schrillen, dumpf dröhnenden Verkehrslärms, voll schwerer Atemluft und übler Gerüche, voll schreiender Reklame und voll bettelnden Volks. Welch starke Kontraste auf engstem Raum nebeneinander wurden bei der Rundfahrt durch die Stadt deutlich, die die fünf Besucherinnen in einem uralten bunten Mercedes-Taxi unternahmen! Hier Prunk und Pracht, da Elend und Armut. Hier Seide und Satin, dort Lumpen und Fetzen. Hier protzender Reichtum und gleich daneben schreiende Armut.

Bedrängend und beklemmend, zuweilen sogar beängstigend war das für die Reisenden. Wo waren Barmherzigkeit und Mitmenschlichkeit? Die anschließende Besichtigungstour durch das jüngere und modernere Neu-Delhi hinterließ keine wesentlich anderen Eindrücke. Wie beschaulich und „dörflich" waren dagegen doch die großen Schweizer Städte wie Zürich, Basel, Genf und Bern.

Noch bedrängender als die Doppelgroßstadt aber war der Besuch in Majuna-ka-Tilla, einem kleinen Lager tibetischer Flüchtlinge vor den Toren von Delhi, wo sie mit den führenden Männern wegen eines Brunnenprojektes verhandeln wollten. Welch ein arger Slum war diese vergleichsweise winzige Siedlung! Hier fristeten mehr als achthundert Männer, Frauen und Kinder nach offizieller Auskunft zwar illegal, aber dennoch mit der Duldung des indischen Staates ein elendes Dasein unter schier unbeschreiblichen Bedingungen.

Wie hier die Menschen leben mussten, so hielt man in der Schweizer Heimat kein Vieh, ging es Frieda durch den

Sinn. Die schlichten Unterstände für Schafe, Rinder und Schweine auf den Emmentaler Höfen und Weiden waren Luxusvillen gegenüber den aus Brettern, Blechen, Pappen und sonstigen Materialien zusammengeklopften dürftigen Behausungen der Menschen in diesem Lager. Dessen Straßen waren in einem Zustand, den man in der Schweiz keinem Feldweg zugemutet hätte. Von Hygiene wusste man an diesem Ort mit nur wenigen einfachen Brunnen für viele Menschen offenbar nicht viel. In der offenen Kanalisation nährten sich Myriaden von Mücken und Fliegen und tummelten sich ungeniert Heere von Ratten. Stickige Luft und ein schier unerträgliches Gemisch von Gerüchen machten das Atmen schwer. Kein Wunder, dass ein Großteil der Lagerbewohner an mancherlei Krankheiten litt, vor allem an Tuberkulose, gegen die in diesem Land nicht genug getan werden konnte.

Dennoch, die Menschen lebten, und sie brachten sich durch die Tage. Sie taten es hauptsächlich mit primitiver Herstellung von Nudeln, die zu den Hauptnahrungsmitteln tibetischer Menschen gehören, und dem verbotenen Brauen von Bier. Das kauften ihnen die Inder aus der Umgebung gerne ab und konsumierten es offenbar bereits an Ort und Stelle so reichlich, dass sie ihren Rausch auch gleich dort ausschliefen. Dabei waren sie als Hindus eigentlich doch zur Abstinenz verpflichtet. Aber das störte wohl niemanden.

Frieda trieb es die Tränen in die Augen, und ihr blieb schier die Luft weg angesichts dieses Elends, das sie hier zu sehen bekam. Welche Not und Ungerechtigkeit, wenn sie an die Schweiz dachte! Den vier anderen Frauen ging es ähnlich. Besonders Fiona schien regelrecht unter dem zu leiden, was sie in dieser Elendssiedlung aufzunehmen hatte. Hier in irgendeiner Weise zu helfen und für Verbesserung der Verhältnisse zu sorgen, war wohl kaum möglich. Da war doch jede noch so großzügige Hilfeleistung weniger als der berühmte Tropfen auf dem ebenso berühmten heißen Stein. Noch nachdenklicher wurde die Reisegruppe allerdings dann bei den Verhandlungen um ein Brunnenprojekt zur Verbesserung der Wasserversorgung. Die führenden Männer in Majuna-ka-Tilla waren überhaupt nicht interessiert an einer solchen Hilfsmaßnahme. Sie hätten genug Frischwasser zur Verfügung, und ihre Lebensbedingungen seien schon hinreichend. Was sie brauchten, sei Geld zum Bau eines neuen Tempels zur Aufnahme ihrer großen Gebetsmühle. Dieses heilige Gerät dürfe nicht länger so vernachlässigt und ärmlich untergebracht bleiben, wie das bisher der Fall sei. Hier seien sie gerne bereit, Hilfe anzunehmen.

Mit dieser Antwort hatten die Frauen aus dem fernen Alpenstaat allerdings ihre Schwierigkeiten. Sie konnten darüber nur ihre Köpfe schütteln, was sie aus Gründen der Höflichkeit freilich nur innerlich taten. Zugleich mussten sie aber auch darüber staunen, dass den Menschen in diesem ärmlichen Lager ihre Religion – die besondere Form des Buddhismus, die auch Lamaismus genannt wird – mehr bedeutete als die Verbesserung ihrer persönlichen Lebensbedingungen. Ob die Christen in der Heimat zu ähnlichem Denken bereit wären wie diese tibetischen Buddhisten? War denen zu Hause das Hemd nicht in jedem Fall näher als die Jacke und das eigene Wohnzimmer in der Regel wichtiger als das Gemeindehaus und die Kirche?

Immer wieder bestimmte diese Frage die Gespräche

zwischen den Frauen, wenn die Geräuschkulisse um sie herum denn eine Verständigung zuließ. Selbst im schlichten Hotelzimmer wurde es am Abend und in der Nacht kaum richtig still. Delhi war einfach eine Stadt voll ständiger Geräusche und Lärms. Frieda freute sich auf den Weiterflug nach Amritsar im Nordwesten des Landes unweit der Grenze zu Pakistan.

Die Boeing 737 der Indian Airlines startete pünktlich am Dienstag, dem 29. September 1981 um 12.45 Uhr vom Flughafen der Hauptstadt, hatte bald Höhe gewonnen und zog dann ruhig ihre Bahn nach Nordwesten. Der Flieger war mit nur etwa hundert Reisenden besetzt. Die wenigen westlichen Ausländer bei dem Inlandsflug waren – wie zum Beispiel die Gruppe der fünf Schweizer Frauen – unschwer an ihrer Kleidung zu erkennen.

Die weitaus meisten Fluggäste waren demnach wohl Inder oder Menschen aus den Nachbarländern. Besonders auffallend waren einige Männer mit Bärten und kunstvoll geschlungenen farbigen Turbanen. Diese Männer mussten Angehörige der Sikhs sein, dieser besonderen religiösen Volksgruppe, der die indische Zentralregierung vor Jahren im Bundesstaat Punjab eine gewisse Autonomie gewährt hatte. Frieda freute sich schon darauf, deren zentrales Heiligtum in Amritsar kennenzulernen, den berühmten Goldenen Tempel mit der verehrten „Adi Granth", der heiligen Schrift der Sikhs. Den Bildern nach, die sie in der Vorbereitung der Reise angeschaut hatte, musste das Gebäude ein wahrer Prachtbau sein und das Buch ein besonderes Kleinod.

Nachdem Frieda den Bord-Begrüßungstrunk, einen frischen Orangensaft, dankbar genossen hatte, schloss sie die Augen, um die relative Ruhe des Fluges ein wenig zur Erholung zu nutzen. Plötzlich aber schrak sie hoch. Sie war doch tatsächlich für ein paar Momente fest eingeschlafen. Aber was hatte sie geweckt? Was war das? Irgendetwas Besonderes musste an Bord der Maschine im Gange sein.

Frieda brauchte ein paar Augenblicke, um sich zu orientieren. Dann erschrak sie heftig bei dem, was sie gewahr wurde und sogleich auch begriff: Die Maschine schwankte wild hin und her, und vier Männer mit Turbanen liefen hektisch im Gang auf und ab. Dabei schrien sie irgendetwas Unverständliches und fuchtelten wild mit Krummsäbeln herum, stets darauf achtend, dass kein Fluggast ihnen womöglich in die Quere kam. Wer sich falsch bewegte, der wurde angebrüllt: „Stay sitting! Don't move!"

Frieda fühlte sich augenblicklich bis ins Mark getroffen. Das hier war wohl keine Folklore-Veranstaltung! Nein, das musste eine Flugzeugentführung sein! Sie war mit den anderen Fluggästen offenbar Opfer von Luftpiraten geworden. Diese Sikhs hatten die Maschine irgendwie in ihre Gewalt gebracht.

Aber was hatten diese Männer vor? Was wollten sie von wem erpressen? Drohten die wild gewordenen Kerle in der Luft irgendwelchen Leuten auf dem Boden etwa damit, die Maschine in die Luft zu sprengen, wenn nicht …? War damit dann auch ihr, Friedas, letztes Stündlein gekommen? Was schrien die Turbanträger eigentlich in ihrer Sprache? Das musste Hindi sein. Zu verstehen war immer wieder nur das Wort „Kalistan". Frieda erinnerte sich, dass sie irgendwo gelesen hatte, die Sikhs forderten schon seit einiger Zeit vom indischen Staat, ihnen in einem eigenen Staat Kalistan die volle Unabhängigkeit zu gewähren.

Dann wechselten die Männer die Sprache und schrien ihre Forderung auf Englisch: „Freedom for Kalistan! Victory! Freiheit für Kalistan! Sieg!“ Mit finsteren Mienen, funkelnden Augen und wilden Gesten forderten sie die Fluggäste auf, in diesen Ruf einzustimmen. Frieda geriet innerlich in einen panischen Zustand. Wie sollte, durfte sie sich jetzt verhalten? Sie versuchte, sich von ihrem Platz zu erheben, um zu den Gefährtinnen zu schauen, die einige Reihen hinter ihr saßen. Sofort kam ein Sikh zu ihrer Sitzreihe gestürmt. „Don’t move!“, schrie er böse und streckte ihr seinen Krummsäbel gefährlich nah entgegen. „Sit down! Don’t move!“, wiederholte er scharf und fügte an: „We have a bomb! Freedom for Kalistan!“

Frieda duckte sich ängstlich in ihren Sitz, wie es andere wohl ebenso taten. Jetzt wandte sich ein anderer Sikh an die Fluggäste und hielt seine linke Hand in die Höhe. Der Gegenstand, den er zeigte, war wohl die Bombe. „Now it’s yours: Freedom for Kalistan! Cry: Freedom for Kalistan! Cry! You all! Victory! Victory! Cry!“

Auch Frieda tat wie befohlen und stimmte mit den anderen Fluggästen in diesen Ruf ein. Dabei flogen ihre Gedanken sekundenschnell weit nach Westen um ein Viertel der Erde. Was wäre, wenn diese sich wild gebärdenden Männer tatsächlich die Maschine sprengten? Was würde mit ihrem Fritz? Was mit den Kindern? Friedas Panik wuchs. Kalter Schweiß brach ihr aus. Ihr Mund wurde staubtrocken.

Beim kurzen Aufschauen sah sie, wie sich eine Stewardess um eine Frau kümmerte, die sich ein paar Reihen vor ihr offenbar übergeben hatte. Hinter der Stewardess stand einer der Männer und hielt ihr seinen Dolch in den Rücken. Eine Horrorszene! Dann hörte sie von hinten eine Stimme nach einem Arzt rufen. Da hatte vielleicht jemand eine Herzattacke erlitten. Waren das womöglich auch ihre letzten Lebensminuten?, fuhr es Frieda wieder durch den Sinn. So hatte sie sich ihr Lebensende allerdings nicht vorgestellt. Weit weg von ihren Lieben und von der Heimat zu sterben, nein, das durfte nicht sein. „Gott, das kannst du nicht wollen", schrie es in ihr. „Nein, das kannst du nicht! Greif ein, Gott im Himmel! Bitte, Heiland, verhindere das Schlimmste! Zähme diese Wilden! Erbarme dich!"

Plötzlich schoss ihr durch den Kopf, was sie am Morgen im Hotel in Delhi in ihrem kleinen Losungsbuch in Anlehnung an Römer 14 gelesen hatte: „Im Leben oder im Sterben – wir sind in Gottes Hand, und wir wissen nicht, was uns nützlicher ist: Leben oder Sterben."

Was waren das für Gottesworte für diese besondere Situation ihres Lebens! Augenblicklich wurde Frieda von einer großen Ruhe erfüllt. Die Angst verschwand. Zuversicht machte sich in ihr breit. Sie hatte es doch gelesen: „... im Leben oder im Sterben – wir sind in Gottes Hand". Das bedeutete für sie augenblicklich Gewissheit, dass niemandem in der Maschine ein Haar gekrümmt und das Flugzeug irgendwo sicher landen würde. Die Schweizerin war sich sicher: Gott war mit in der Maschine, und er hatte für sie noch einen weiteren Auftrag, für den sie leben sollte. Sie atmete auf bei diesen wunderbaren Zusagen ihres Gottes!

Frieda legte ihre Hände zusammen und begann zu beten. Sie dankte Gott für seinen Schutz und bat für alle

Passagiere im Flugzeug und besonders für die Crew und die Entführer.

Aber vielleicht war das Anliegen dieser wilden Sikhs ja berechtigt, ging ihr dann durch den Kopf, und diese Männer sahen keinen anderen Weg als diesen Piratenstreich, um auf sich und auf ihre Sache aufmerksam zu machen? Konnte sie das eigentlich wissen und beurteilen? Wohl eher nicht. Aber die Aktion wollte sie hinnehmen und zu verstehen versuchen – in der Gewissheit des guten Ausgangs, den Gott ihr soeben deutlich zugesagt hatte. Und so skandierte Frieda, jetzt innerlich doch wieder locker und frei, mit den anderen vor und hinter ihr im Chor weiterhin: „Freedom for Kalistan! Victory! Victory!"

Allerdings wurde es bald stiller in der Maschine, und das Flugzeug selbst lag auch wieder ruhiger in der Luft. Der Chor der Fluggäste durfte für eine Weile schweigen. Die Sikhs verhielten sich ruhiger und erlaubten jetzt den Stewardessen, sich um die Fluggäste zu kümmern, die Hilfe brauchten. Sie begleiteten auch einzelne Passagiere zur Toilette, freilich alles mit der Waffe in der Hand und den Raum und die Menschen im Blick.

Irgendwann verkündete einer der Männer, er war wohl der Anführer der Gruppe, die Maschine flöge nicht nach Amritsar, sondern nach Lahore in Pakistan. „We'll see how things go on. Don't be afraid of anything! Don't fear!"

Dieses „Habt keine Angst!" klang freundlich und sollte wohl Vertrauen wecken. Also üb dich in Geduld, Frieda!, sprach sich die Schweizerin selbst weiteren Mut zu, es wird zumindest für die Passagiere alles gut werden; dieses Abenteuer wird als eine besondere Episode in die

Geschichte dieser Reise und in die Geschichte deines Lebens eingehen. Zu ihrer Überraschung bekam Frieda wie alle Passagiere, die etwas essen wollten, ein wunderbares Lammfleischgericht serviert.

Später, nach mehreren Stunden des Wartens auf irgendeinem Abstellplatz am Rande des Flugfeldes von Lahore, ging die Entführung für die Fluggäste dann gnädig zu Ende. Während einige der Luftpiraten die Passagiere in ihren Sitzen und die Stewardessen im Gang im strengen Blick behalten hatten, hatten zwei von ihnen offenbar von der Pilotenkanzel aus mit den pakistanischen Behörden verhandelt und irgendeine Lösung erreicht. Der Anführer der Gruppe kam aus dem Cockpit in den Fahrgastraum zurück und verkündete das Ende ihrer Aktion. Er entschuldigte sich sogar dafür, dass sie den Menschen in der Kabine in den vergangenen Stunden schlimme Unannehmlichkeiten zugemutet hätten. Aber das hätte leider so sein müssen.

Die Passagiere konnten endgültig aufatmen und sich auf den Ausstieg vorbereiten. Abgesehen von der ausgestandenen Angst um Leib und Leben und den damit verbundenen Unpässlichkeiten war keiner von ihnen zu Schaden gekommen. Dann wurde jeder einzelne Fluggast am Ausgang von einem der Turbanträger mit einer Verbeugung in die Freiheit verabschiedet. Auf Friedas Wunsch „God bless you!“ und dafür, dass sie ihm irgendeinen Gegenstand in die Hand gedrückt hatte, den er ohne hinzuschauen rasch in seiner Hosentasche verschwinden ließ, revanchierte sich der Mann mit einem freundlichen „Thank you very much!“

Erst auf dem festen Boden des Flugplatzes am Fuß des

herbeigeschafften Treppenabgangs, über den die Reisenden die gekaperte Maschine verlassen durften, löste sich die Spannung. Dass das Flugzeug von Militär umstellt war, wirkte für diese Momente zusätzlich befreiend.

Ob das pakistanische Militär das Flugzeug später stürmen würde, oder ob die Luftpiraten sich bereits ergeben hatten?, ging es Frieda durch den Sinn, als sie noch einmal zur Boeing zurück- und die Treppe hinaufschaute, wo sie oben einen der Entführer in der Tür stehen sah. Was geschah dann wohl mit diesen Männern? Sie würden wohl verhaftet und nach Indien ausgeliefert werden. Dort müssten sie wahrscheinlich für ihre Tat mit Gefängnis büßen – oder gar mit Schlimmerem? Ob ihr Anliegen bei den maßgeblichen Stellen gehört worden war, damit die dreiste Aktion wenigstens nachträglich einen gewissen Sinn bekam und sich nicht als vergeblich herausstellte? Sicher war später aus der Presse etwas darüber zu erfahren, wohl auch in Europa und in der Schweiz. Bei nächster Gelegenheit wollte Frieda deswegen nach Hause telegrafieren, auch um möglichen Beunruhigungen und Ängsten ihrer Lieben vorzubeugen.

In einem separaten Raum des Flughafengebäudes wurden die Reisenden von pakistanischen Menschen mit gutem Essen und mit Getränken versorgt. Sie konnten danach auch ein wenig ruhen, wenngleich nur im Sitzen. Dennoch, wie wohltuend war das jetzt alles! Sich mit den Freundinnen und mit anderen Fluggästen unterhalten zu können, tat gut. So half einer dem anderen, die Erlebnisse der vergangenen Stunden zu verarbeiten und die innere Spannung abzubauen.

Später gab es dann lange und ausführliche Befragungen

durch die pakistanischen Behörden zu der Piraterie der Sikhs und den Ereignissen an Bord des Flugzeugs. Gegenfragen nach dem Schicksal der Entführer wurden nicht beantwortet außer mit dem Hinweis: „They will be condemned. Sie werden verurteilt."

Erst viele Stunden später, am Nachmittag des auf die Entführung folgenden Tages, erhielten die gestrandeten Reisenden endlich auch ihr Gepäck – ein Zeichen, dass die Entführer aufgegeben hatten oder festgenommen worden waren und die entführte Maschine freigegeben war. Nun konnten die Passagiere eine andere Boeing besteigen. Diese Maschine brachte sie allerdings nicht an ihr eigentliches Reiseziel Amritsar. Es sei zurzeit nicht ratsam, dorthin zu fliegen. Dort habe es am Tag vor der Flugzeugentführung einen blutigen Aufruhr der Sikhs gegen den indischen Staat gegeben mit vielen Toten und Verletzten, wurde ihnen gesagt. Aus Gründen der Sicherheit ginge es deshalb zurück nach Delhi.

Schade, aber besser so als anders, waren es die Schweizer Frauen zufrieden. Den Goldenen Tempel bekamen sie dann eben nicht zu sehen. Und auch das tibetische Flüchtlingslager in dieser Stadt musste auf seinen europäischen Besuch verzichten. Später noch einmal in die heilige Stadt der Sikhs im Punjab zu fliegen, dazu reichte die Zeit dann nicht mehr.

Dafür gab es zunächst einen ungeplanten weiteren Tag in Delhi. Den nutzten sie vormittags zum ausgiebigen Besuch eines der vielen wuseligen, vielfarbigen Märkte in der Altstadt, mit seinem Gedränge und mit seinen besonderen Geräuschen, Gerüchen und Attraktionen. Den Nachmittag füllten die Frauen mit der Besichtigung der historischen Stadtanlagen mit dem Roten Fort aus dem 17. Jahrhundert und dem Besuch des Grabmals des Humayun, das die Witwe eines Großmoguls im 16. Jahrhundert für ihren verstorbenen Mann hatte bauen lassen. So wurde der Tag für alle doch auch einer voller wunderbarer Erlebnisse und Erfahrungen, die die aufregenden Mühen der vergangenen Tage weiter vergessen machten!

Am frühen nächsten Morgen ging die Reise der fünf Schweizerinnen dann von Delhi aus nach Dharamsala zur Residenz des Dalai Lama, also wieder nach Norden, diesmal freilich östlich an Amritsar vorbei. Das Verkehrsmittel für die vierzehnstündige Überlandfahrt durch viele Dörfer und Städte und durch wechselnde interessante Landschaften war diesmal ein uriger und ständig völlig überfüllter Bus ohne entführungswillige Sikhs an Bord, dafür aber mit weit mehr Männern, Frauen und Kindern, als das Fahrzeug eigentlich transportieren durfte. Abenteuerlich und gefährlich und doch auch mit einem ganz eigenen Reiz. Aber auch das mussten Frieda und ihre Freundinnen erlebt haben, wenngleich sie am Ende ihrer langen Reise völlig erschöpft waren. Der folgende Tag der Erholung ohne Programm erwies sich als notwendig und tat ihnen allen gut.

Dann aber warteten die Gespräche, um die Samra Losinger im Vorfeld der Reise gebeten hatte und die im „Kleinen Lhasa“, wie Dharamsala auch genannt wurde, bereits vorbereitet worden waren. Zugegeben, die Schweizer Frauen waren vor allem gespannt auf das Treffen mit dem Dalai Lama. Wann hatte eine von ihnen auch schon einmal mit einer so bedeutsamen und wichtigen Persönlichkeit zu tun gehabt?

Für die Tibeter gilt er als 14. Reinkarnation des Bodhisattwa Avalokiteshvara – wer dieser Mensch mit dem unaussprechlichen Namen auch immer gewesen sein mochte –, als geistlich-weltlicher Herrscher und „Gottkönig“. Hoffentlich verhielten sie sich als christliche und europäische Frauen diesem so anders gläubigen asiatischen Mann gegenüber auch richtig. Dabei hieß er doch mit bürgerlichem Namen Tenzin Gyatso und war ein Bauernsohn aus dem Osten Tibets, also eigentlich doch ein ganz normaler Mensch.

Zunächst wurden alle Besucher zu einer gründlichen Leibesvisitation in einen abgetrennten Raum geführt. Anschließend kamen die fünf Schweizer Frauen in einen hellen, schlichten Raum, in dem außer den kreisförmig angeordneten Stühlen nur noch eine Gebetsmühle stand.

Dabei setzte sich Samra Losinger doch gleich auf den falschen Platz. Als der „Gottkönig“ den Raum betrat, fand er die Leiterin der Gästegruppe auf seinem Sessel sitzend. Peinlich, peinlich! Aber woher hätte die Frau denn wissen sollen, dass der bescheidene Sessel, der sich von den anderen Sitzgelegenheiten kaum unterschied, das wichtigste Möbelstück dieses schlichten Audienzzimmers war?

Die tibetische Flagge und das Banner des Dalai Lama an der Wand dahinter, die diesen besonderen Platz kennzeichneten, waren ihr und auch den anderen Frauen nicht besonders aufgefallen. Der sechsundvierzigjährige hohe Herr im roten Gewand, mit roten Söckchen und Sandalen an den Füßen, machte allerdings gute Miene zu diesem peinlichen Spiel. Mit einem breiten Lächeln auf seinem markanten Gesicht reichte er der erschrockenen Schweizerin als Erster die Hand, bat sie mit einer höflichen Verbeugung freundlich, den Thronsessel doch bitte ihm zu überlassen. Dann führte er Samra Losinger zu dem freien Stuhl dem seinen gegenüber.

Das kleine Missverständnis und die Art, wie der Gastgeber damit umging, nahmen der Situation die Spannung. Die Atmosphäre lockerte sich, und die Zurückhaltung der Frauen wich einer fast heiteren gegenseitigen Offenheit.

Der Gastgeber begann das Gespräch, indem er sich zunächst für den Besuch der Frauen als Abordnung des Schweizer Hilfswerks der Tibetfreunde für ihr jahrelanges Engagement und für das erneute Interesse ihrer Organisation am Schicksal Tibets und seiner Menschen bedankte. Danach ging es in gegenseitiger lebhafter Frage und Antwort hauptsächlich um die Bedrängnisse des tibetischen Volkes im Allgemeinen und das Schicksal der tibetischen Flüchtlinge in Indien im Besonderen.

Samra Losinger erläuterte als Sprecherin der Gruppe dem Mann die Vorstellungen ihrer Organisation davon, wie die allgemeine Hilfe für die Flüchtlinge weiter ausgebaut werden könnte und welche besonderen Projekte sich bereits in der Planung befänden. Vor allem die elternlosen Kinder lägen den Schweizer Tibetfreunden am Herzen, und sie wünschten sehr, das bereits bestehende Patenschaftswesen ausbauen und erweitern zu können.

Der Dalai Lama zeigte sich deutlich bewegt und dankbar. Zu den vorgetragenen Plänen äußerte er sich beeindruckt. Er war aufgeschlossen und glücklich darüber, in der fernen Schweiz solche guten Freunde zu haben.

Der Dalai Lama schwieg für ein paar Momente und blickte ein wenig versonnen nach irgendwo. Dann fuhr er mit gedämpfter und ein wenig belegter Stimme fort: „Sehen Sie, meine Damen, in Ihrem schönen Land herrscht Freiheit. Sie wissen nichts von Unterdrückung und Knechtschaft der Menschen. Zehntausende Tibeter leben dagegen in tristen chinesischen Arbeitslagern und fristen dort ein jammervolles Dasein.

Sie in der Schweiz wissen auch nichts von Einschränkung der alten, überkommenen Lebensweisen und des Glaubens. Wussten Sie, dass die brutale chinesische Kulturrevolution von den 2700 Klöstern in Tibet 2690 brutal zerstört hat?

Sie wissen nichts von Behinderung und Einengung der Gedanken, nichts von engster Lenkung des Handelns. Meine Delegationen, die ich im vorigen und in diesem Jahr in mein Land schicken durfte, kamen weinend zurück und hatten Mühe, die Wahrheit dessen, was sie gesehen und erlebt hatten, in Worte zu fassen. Alles in meinem Land ist nur traurig und schlimm! Und ob es sich ändern wird oder ändern lässt, weiß niemand.

Danken Sie Ihrem Gott dafür, dass Sie es in allem so gut haben. Und lassen Sie sich bitte auch künftig nicht davon abhalten, sich vor den Menschen Ihres Landes und vor der Weltöffentlichkeit für mein geschlagenes Volk einzusetzen. Arbeiten Sie bitte weiter dafür, dass mein Volk hier in der selbst gewählten oder auch aufgezwungenen Fremde menschenwürdig leben kann, und setzen Sie sich auch dafür ein, dass die zahlreichen Tibet-Flüchtlinge in Indien, vor allem unsere vielen Kinder ohne Eltern, nicht eines Tages vor der Menschheit völlig in Vergessenheit geraten."

Für einen Moment herrschte in der kleinen Gesprächsrunde Schweigen. Die Augen der vier anderen Schweizer Frauen richteten sich auf Samra Losinger. War die Rede ihres Gastgebers nicht so etwas wie ein Schlusswort gewesen, dem nur noch der Dank für die freundliche Audienz folgen konnte?

Die Leiterin der Besuchergruppe hatte wohl selbst diesen Eindruck. Und so versicherte sie dem Dalai Lama, sich auch künftig gerne für sein Volk, besonders für die Flüchtlinge in den indischen Lagern und dort vor allem für die Kinder einzusetzen. Dann bedankte sie sich im Namen ihrer Gruppe mit höflichen Worten für die freundliche Begegnung und das Gespräch.

Danach bat sie allerdings noch um die Gelegenheit für ein Gruppenfoto und um ein Autogramm für ihre Tochter. Beides wurde gerne gewährt. Dann war diese besondere Begegnung für daheim und für die eigene Erinnerung festgehalten, und das Leben der Schweizer Frauen war um eine ganz besondere Erfahrung reicher geworden.

Besuch 1981 beim Dalai Lama in Nordindien.
Frieda Habegger Zweite von links

Am Nachmittag trafen die fünf Schweizerinnen dann mit Pema Gyatso zusammen, der Schwester des Dalai Lama. Sie bekleidete ja für die Exil-Tibeter das Amt einer Direktorin des Erziehungs- und Gesundheitswesens. Mit ihr und ihrer Sekretärin, die sie begleitete, besuchten Samra Losinger und ihre vier Gefährtinnen in sehr entspannter Atmosphäre die Baustelle eines neuen Waisenhaus- und Schulkomplexes in Dharamsala. Dessen Finanzierung war leider noch überhaupt nicht gesichert, auch wenn ein gewisses Anfangskapital zur Verfügung stand. Gerne ließen sich die Frauen das Vorhaben genauer erläutern, um das Anliegen – vor allem das des fehlenden Geldes – in die Schweiz mitzunehmen.

Dann ging es im Gespräch auch um Einzelheiten zum Ausbau der Patenschaften für Waisenkinder. Pema Gyatso informierte darüber, dass zurzeit etwa dreihundert Franken ausreichten, um ein tibetisches Kind in Indien für ein Jahr zu versorgen und ihm eine gute Schulbildung zu ermöglichen. Das seien lediglich 25 Franken im Monat. Aber es gebe halt sehr viele Kinder, die auf diese Hilfe angewiesen seien, und ihre ohnehin große Zahl würde durch weitere ankommende Flüchtlinge noch vergrößert. Auf einen tibetisch gesprochenen Hinweis ihrer Sekretärin – das Gespräch verlief ansonsten natürlich in Englisch – schaute Pema Gyatso in die Frauenrunde und fragte: „Möchten Sie Ihre Patenkinder gerne persönlich kennenlernen? Die meisten leben in Patli Kuhl, zehn Autostunden von hier Richtung Norden."

„Was würde das für uns bedeuten?", zeigte sich Samra Losinger interessiert.

„Nun, vielleicht müssen Sie Ihr geplantes Programm ein

wenig ändern“, antwortete die tibetische Direktorin, „und bereit sein für eine weitere Fahrt über Land.“

„Sagen Sie es uns bitte genauer“, wollte Frieda wissen.

Diesmal gab die Sekretärin die Antwort: „Das bedeutet zweimal zehn bis zwölf Stunden Fahrt in Jeeps auf schlechten Straßen noch weiter nach Norden in die Vorberge des Himalaja, ins Kulutal. Wir könnten morgen in aller Frühe fahren und wären übermorgen am späten Abend zurück. Für Übernachtung ist gesorgt. In Patli Kuhl lernen Sie unsere Internatsschule kennen und die meisten Ihrer Patenkinder. Unterwegs könnten wir ein paar weitere Lager an der Route besuchen.“

Die Schweizer Frauen berieten sich kurz, dann stand der Entschluss fest: Sie waren bereit, ihre bisherigen Pläne zu ändern und die große Fahrt auf sich zu nehmen.

Zehn Tage später war Frieda wieder zu Hause im schönen Emmental. Welch eine Fülle von Erlebnissen hatte sie mitgebracht! Welche Menge an Erfahrungen aus einer Welt, die ihr bis dahin nahezu unbekannt gewesen war! Sie war Gott sehr dankbar dafür, dass sie diese Reise hatte machen können, und ihrem Fritz und den Kindern, dass die sie hatten ziehen lassen. Natürlich war sie gerne bereit, immer wieder zu erzählen: von der Flugzeugentführung, von der Begegnung mit dem Dalai Lama, von der mit seiner Schwester und ihrer Sekretärin, von den abenteuerlichen Bus- und Jeepfahrten über Berg und Tal, von den Begegnungen mit den vielen Waisenkindern und auch von Samra Losingers Begegnung mit den Eltern ihres indischtibetischen Patensohnes Junta im Süden in der Region um Bangalore, in die sie dann doch auch noch gereist waren.

Dort bei Bangalore hatten 35.000 Tibeter in etwa zwanzig Lagern eine neue Heimat gefunden. Aber sie lebten und arbeiteten unter ärmlichen Bedingungen in primitiven und prekären Wohnverhältnissen und ohne nennenswerte medizinische Versorgung. Den Menschen würde es wesentlich besser gehen, wenn sie mehr Geld verdienen könnten. Das wiederum wäre möglich, wenn sie technische Hilfe zur Bewässerung ihrer Maispflanzungen bekämen oder zur Erleichterung ihrer Teppich- und Taschenproduktion. Hilfreich wäre auch, wenn es mehr Menschen in der Welt gäbe, die ihre Herzen für die Not der vielen tibetischen Flüchtlinge öffneten und dann auch ihre Portemonnaies.

Bei den Habeggers auf dem Schweikhof jedenfalls weckten die Reiseberichte der Mutter die Herzen und die Bereitschaft, dass jeder Einzelne von ihnen in Zukunft selbst ein tibetisches Waisenkind als Patenkind fördern würde. Das Anliegen der Schweizer Tibetfreunde wollte die ganze Familie aus Gründen christlicher Nächstenliebe und Verantwortung zur eigenen Aufgabe machen und dafür werben, dass es auch für Menschen aus ihrer Umgebung zum Anliegen wurde. „Brich dem Hungrigen dein Brot, und die im Elend ohne Obdach sind, führe ins Haus …" Diese Weisung Gottes an sein Volk aus Jesaja 58 galt noch genauso wie das Wort Jesu aus Matthäus 25: „Was ihr getan habt einem von diesen meinen geringsten Brüdern, das habt ihr mir getan."

Für Frieda stand fest, dass ihre erste Reise in jenes ferne Land nicht ihre letzte gewesen war.

Als die Mutter diesen Gedanken Monate später zum ersten Mal am Stubentisch laut äußerte, kam sofort die Frage von einem der Kinder: „Und wenn da wieder ein paar Sikhs verrückt spielen und wieder das Flugzeug mit dir entführen? Hast du keine Angst, so etwas könnte sich wiederholen?"

„Nein, Kinder, keine Sorge", gab Frieda lachend zurück, „die habe ich nicht. Erstens ist die Wahrscheinlichkeit, dass ein Mensch zweimal in eine solche Situation gerät, so gering wie bei einem Lotterie-Hauptgewinn. Und zweitens wüsste ich mich dann genauso geborgen in den Händen Gottes wie damals auch. Wer im normalen Leben Gott und dem Heiland gehört, der ist auch in Extremsituationen in seinen Händen bestens aufgehoben."

Ueli beschäftigte plötzlich etwas anderes. Er fragte: „Bist du auf die Entführer von damals eigentlich noch böse, Mama? Die hätten dich mit all den anderen im Flieger ja umbringen können, und wir säßen jetzt ohne dich am Tisch."

Frieda überlegte einen Moment für die richtige Antwort. Dann sagte sie: „Böse auf die Männer war ich eigentlich nur am Anfang, als die Sikhs wie Wilde durch das Flugzeug tobten und ihr ‚Freedom for Kalistan' schrien und mit ihren Waffen fuchtelten. Da hatte ich schreckliche Angst. Dann wurde mir klar, dass sie ja für ihre Freiheit kämpften und sich deshalb irgendwie Gehör verschaffen mussten. Die hätten uns niemals umgebracht. Damit hätten sie ihrer Sache doch mehr geschadet als genutzt. Die Bombe war auch gar nicht echt. Als mir das alles klar wurde, da taten sie mir leid, und ich habe für sie gebetet."

„Wieso taten sie dir leid?", wollte Christine wissen.

„Weil mir bald klar war, dass sie mit ihrer Aktion keinen Erfolg haben würden. Kein Staat lässt sich auf solche Weise erpressen. Also vergebliche Mühe in der Luft und dazu schweres Unrecht, für das sie auch noch belangt werden würden", erklärte die Mutter.

„Sitzen die jetzt im Gefängnis?", griff Katrin diese Bemerkung auf.

„Wahrscheinlich schon", antwortete jetzt der Vater. „Ein so gefährlicher Eingriff in den Flugverkehr bleibt auch in Indien oder Pakistan nicht ungestraft. Niemand hat das Recht, für seine eigenen Interessen und für seinen persönlichen Vorteil das Leben anderer Menschen in Gefahr zu bringen."

Marianne brachte jetzt einen interessanten Gedanken ein. „Wenn dir nun einer der Entführer plötzlich irgendwo begegnen würde, Mama, was würdest du zu ihm sagen?" Alle Augen richteten sich sofort auf die Mutter.

Die zögerte zunächst mit einer Antwort und sagte dann: „Das wird es doch nie und nimmer geben, dass ich einem der Entführer noch einmal begegne. Also muss ich darüber nicht nachdenken."

„Und wenn doch?", hakte Ueli nach.

„Ja, wenn doch so etwas Unmögliches passiert, Frieda", unterstützte ihr Mann die Frage des Sohnes. „Wie würdest du dem Mann begegnen?"

Jetzt musste Frieda doch irgendeine Antwort finden. „Ich glaube, ich würde ihm die Hand reichen und ihn einfach fragen, wie es ihm geht, wie das Leben für ihn weitergegangen ist und ob er das Schweizer Taschenmesser noch besitzt, das ich ihm damals geschenkt habe.

Aber die Vorstellung, dass da einer dieser Männer irgendwo plötzlich vor mir steht, ist einfach utopisch und irre. Da geht doch eher ein Kamel durch ein Nadelöhr, um es mit der Bibel zu sagen."

Der Vater wollte das Tischgespräch jetzt in eine andere Richtung lenken. Ueli hinderte ihn allerdings noch daran. „Du hast dem Mann ein Schweizer Taschenmesser geschenkt?“, fragte er erstaunt.

„Das habe ich tatsächlich“, bestätigte die Mama. „Das ist mir aber erst eben bei eurer Frage wieder eingefallen. Beim Ausstieg aus dem Flugzeug habe ich einem der jungen Männer mein Schweizer Taschenmesser in die Hand gedrückt.“

„Und warum?“, wollte Marianne wissen.

„Na, warum wohl?“, gab die Mutter zurück. „Ich wollte dem Mann eine Freude machen, wo der doch nach der Entführung sicher nichts mehr zu lachen hatte.“

„Also merk dir die Frage nach dem Messer, meine Liebe, wenn dir der nächste Sikh begegnet“, lachte Fritz und nahm die Gelegenheit wahr, nun wirklich das Thema zu wechseln …

Das Pfand

In den Jahren nach Frieda Habeggers erster Indienreise nahm das Leben auf dem Schweikhof einen weniger spektakulären Verlauf.

Fritz pflegte seine Hobbys und seine Freundschaften. Er blieb weiterhin in der Kirchgemeinde Affoltern und war in der Gemeinschaft Waltrigen aktiv. Auch half er seinem Schwiegersohn in dessen Drogerie und freute sich an seiner größer werdenden Familie und darüber, dass er immer wieder einmal seinen heranwachsenden Enkeln ein wenig die kleine Welt des Schweikhofes und seiner Umgebung zeigen und erklären konnte, wenn sie auf dem großelterlichen Anwesen zu Besuch waren. Fritz erfreute sich einer stabilen Gesundheit und war ein in allen Dingen zufriedener Mensch, dazu in sein Friedali so verliebt wie am ersten Tag.

Das machte auch Frieda zufrieden und glücklich, und sie genoss die Freiheiten und Möglichkeiten, die ihr Mann ihr gerne zugestand, damit sie ihre vielseitigen Fähigkeiten und Fertigkeiten entfalten und für andere Menschen einsetzen konnte. Dabei war und blieb sie für die Kinder auf dem Hof die Ansprechpartnerin in den Fragen ihres äußeren und inneren Wachsens und Reiferwerdens. Sie suchten bei ihr Rat, wenn sie auf ihrem Weg zum Frau- und Mannsein unsicher waren oder sich von lieb gewordenen Gewohnheiten ihrer Kindheit und Jugend lösen mussten.

Dazu blieb Frieda mit ihrem Fritz den Kindern, auch denen, die längst verheiratet waren, Vorbild für ein gutes eheliches Miteinander – trotz des deutlicher werdenden

Altersunterschieds von neunzehn Jahren – und für einen aktiv gelebten Christenglauben. Und das alles in dankbarem und glücklichem Miteinander von Alt und Jung auf dem Hof in Weier und an den Orten, wo Ruth, Susanne, Veronika und inzwischen auch Christine mit ihren Familien oder auch allein zu Hause waren.

So hätte das Leben der Habeggers gerne weitergehen können. Aber Gott, an den sie glaubten und dem sie nach Kräften und Fähigkeiten dienten, hatte es anders beschlossen.

Mitten in einer Nacht der Karwoche 1984 schreckte Frieda Habegger plötzlich aus dem Schlaf. Hatte sie geträumt? Was war das gewesen, was sie vermeintlich gehört hatte? Sie horchte angestrengt in die Nacht und hörte neben dem ruhigen Atem ihres Mannes nun doch wieder das Geräusch, das sie offenbar aufgeschreckt hatte. Es war die Haustürklingel. Wer begehrte denn um diese späte Zeit noch Einlass? Frieda machte Licht, sprang aus dem Bett und ging in ihrem blauen Nachthemd zur Tür, um zu nachzusehen. Ihrem Fritz, der inzwischen auch wach geworden war, sagte sie beim Hinausgehen: „Es hat geklingelt. Vielleicht hat Marianne den Schlüssel vergessen." Der Mann brummte nur irgendetwas in sich hinein und drehte sich wieder auf die Seite.

„Wer ist da?", fragte Frieda in der Diele durch die noch geschlossene Haustür nach draußen.

Von dort kam eine Männerstimme: „Heinz Trösch, Ihr Pastor, Frau Habegger. Kann ich reinkommen?"

Also war es nicht Marianne. Die konnte es ja auch gar nicht sein. Die inzwischen achtzehnjährige Kindergärtnerin hatte doch bei Freunden in Huttwil übernachten wollen, wenn die Vorbereitung der Osterfeier im Jugendkreis zu viel Zeit in Anspruch nahm. „Wenn es Sie nicht stört, dass ich nur im Nachthemd hier stehe", gab die Frau zurück, während sie den Schlüssel vom Haken nahm.

„Es darf und wird mich nicht stören, Frau Habegger", antwortete der Mann immer noch von draußen.

Frieda wurde plötzlich von einer schlimmen Unruhe erfasst, sodass ihre Hand zu zittern begann. In ihrem Kopf jagten sich die Gedanken. Der Pastor kam sonst gerne in ihr Haus, um dies und jenes mit ihr oder mit Fritz zu bereden. Wenn er aber um diese Zeit kam, hatte er irgendetwas Besonderes auf dem Herzen. Was konnte das sein? War irgendwo irgendetwas passiert, wo er ihre Hilfe brauchte oder die von Fritz? Etwas passiert? Ob vielleicht doch etwas mit Marianne war? O Gott, doch wohl nicht!

Nun hatte Frieda die Haustüre offen und konnte den Pastor hereinlassen. Der Mann war kreidebleich. Das war sogar im schwach beleuchteten Flur zu erkennen. Also war doch etwas Schlimmes passiert. „Können wir uns irgendwo setzen?", fragte er ohne einen weiteren Gruß.

Die Frau des Hauses ging dem Mann in die Stube voran und machte Licht. Dann setzte sie sich dem nächtlichen Gast gegenüber. Sie schlug ihre Hände ineinander, um deren Zittern zu verbergen. „Was treibt Sie mitten in der Nacht zu uns?", fragte sie in böser Vorahnung mit zitternder Stimme. „Ist etwas mit Marianne?"

Pastor Heinz Trösch antwortete nicht sofort. Er holte einmal tief Luft, dann begann er zögernd und mit belegter Stimme: „Es tut mir leid, dass ich … Ich habe … ich muss Ihnen leider …"

„Ist etwas mit Marianne?“, fragte Frieda noch einmal.

Heinz Trösch holte noch einmal tief Luft, blickte Frieda in ihr entsetztes Gesicht und sagte mit gebrochener Stimme: „Marianne kommt nicht mehr zurück. Sie ist tot. Noch an der Unfallstelle gestorben. Helene ebenso.“

Für einige Momente herrschte eine beklemmende Stille im Raum, als müsse jeder die furchtbare Nachricht für sich selbst noch einmal buchstabieren. „Marianne kommt nicht mehr zurück. Sie ist tot.“

„Was ist denn passiert?“, fragte Frieda und konnte die Worte noch nicht begreifen.

„Der Zug kam zu unvermittelt und hat das Auto erfasst und vor sich hergeschoben“, erzählte der Pastor leise.

„Nein! Nein! Nein! Das darf nicht sein! Marianne tot?! Das ist nicht wahr! Pastor, sagen Sie, dass das nicht wahr ist! Nein! Nein! Nein!“ Dabei schlug die Mutter die Hände vors Gesicht und raufte sich die aufgelösten Haare. Dann sackte sie auf ihrem Sitz zusammen und glitt ohnmächtig auf den Boden.

Der Pastor ging in die Küche, um ein Glas Wasser zu holen.

Als er zurück in die Stube trat, hatte sich Frieda bereits wieder aufgerichtet.

„Sie müssen Ihren Mann rufen“, sagte der Pastor.

„Nein, das kann ich nicht!“, erwiderte sie heftig. „Nicht schon wieder. Peter ist in diesem Alter verunglückt und jetzt noch Marianne. Das kann ich nicht!“

Schließlich stand sie doch auf und ging ins Schlafzimmer, um Fritz zu holen.

Als der dann in der Stube Platz genommen hatte, wiederholte Heinz Trösch mit stockender Stimme seine furchtbare Nachricht. Auch Ueli war inzwischen ins Zimmer getreten. „Was ist passiert?“, fragte er.

Der Vater gab die Antwort: „Marianne ist verunglückt“, und vermied dabei, die volle Wahrheit zu sagen, als könnte er sie noch nicht akzeptieren.

„Marianne ist verunglückt?“, hakte der Zwanzigjährige erschrocken nach.

Die vollständige Antwort gab dann der Pastor. Er erhob sich vom Stuhl, nahm den Jungen in die Arme und teilte ihm die schlimme Wahrheit mit: „Tödlich verunglückt ist sie. Jede Hilfe kam zu spät.“

Jetzt wich auch dem Sohn des Hauses die Farbe aus dem Gesicht. „Marianne tot?“, flüsterte er vor sich hin. „Das ist nicht wahr! Nein, das kann nicht wahr sein!“ Dann liefen Ueli Habegger auch schon die Tränen über das Gesicht. „Ich muss Katrin wecken“, murmelte er tonlos vor sich hin und verließ die Stube.

Als er mit seiner „kleinen“, ebenfalls tief erschütterten Schwester zurückkam, saß die Mutter apathisch auf ihrem Stuhl und stierte mit hohlen Augen vor sich hin. Eine beklemmende Situation.

„Gott im Himmel“, murmelte die Mutter. Dann schwieg sie wieder.

Pastor Trösch versuchte eine Antwort auf die Not der Frau und ihrer Leute, obwohl er wusste, dass sie in diesen Momenten nicht verstanden werden konnte. Im Stillen betete er um Gottes Erbarmen, Trost, Kraft und Segen für die geschlagenen Eltern und Geschwister. Dann schickte er sich an zu gehen.

„Kommen Sie morgen wieder?“, bat Ueli ihn bei der

Verabschiedung an der Tür. „Wir brauchen Sie. Die Eltern brauchen Sie."

Heinz Trösch nickte. Dann verschwand er in der Dunkelheit der Märznacht, wohl wissend, dass er mit seiner Nachricht eine ganz andere Nacht über den Schweikhof gebracht hatte.

Die nächsten Wochen wurden hart und schwer auf dem Schweikhof. Die Trauer um die Tochter und Schwester legte sich wie ein schweres schwarzes Tuch auf die Menschen im Haus und auch auf die Beziehungen nach außen. Tiefes Schweigen breitete sich aus, und wenn doch mehr als das Notwendigste gesprochen wurde, dann gab es nur ein Thema: Marianne heute und Peter damals und „Wie konnte Gott das zulassen?" Warum diese beiden jungen verheißungsvollen Menschen aus derselben Familie?

Warum musste das passieren, auf jenem unbeschrankten Bahnübergang? Auch Mariannes Freundin Helene war tot.

Bei einem Trauerbesuch von Markus, der das Unfallauto gefahren hatte, mit seinen Eltern und Pastor Heinz Trösch saßen sie alle schweigend in der Stube. Markus war mit recht geringen Verletzungen davongekommen. Ihm tat die ganze Sache entsetzlich leid.

Als er im Krankenhaus gelegen hatte, hatten Friedas Kinder ihn besucht. Aber jetzt saßen alle wie gelähmt in der Stube.

Heinz Trösch versuchte, einige tröstende Worte zu finden. Sonst sprach niemand. Die Trauer hing wie eine dunkle Wolke über ihnen.

In anderen Zeiten wäre es Frieda gewesen, die Trost gespendet hätte aus der Kraft ihres Glaubens heraus. Jetzt aber schwieg sie, ihre verwundete Seele weinte.

Für Friedas Familie waren es dunkle Monate. Marianne mit ihrem offenen, fröhlichen Wesen fehlte überall.

Im frühen Sommer des Unfalljahres bekam die Trauerfamilie einen Brief. Der Absender war ihr unbekannt. In dem Umschlag befanden sich nur ein kurzer Gruß und eine Geschichte mit der Überschrift „Das Pfand". Frieda las den Text einmal, sie las ihn zum zweiten Mal. Und am Abend desselben Tages las sie ihn zum großen Erstaunen ihres Mannes und der jungen Leute am Familientisch vor. Sie las den schlichten Text mit einer spürbaren inneren Freiheit und mit einem offenen Blick. Er schien wieder ein wenig Licht ins Haus zu bringen:

„Das Pfand

Der Rabbi kam aus dem Bethaus. Er vermisste seine beiden Söhne. Mehrmals fragte er seine Frau, wo die Knaben seien. Sie gab ausweichende Antworten. Später sagte sie: ‚Vor etlicher Zeit kam ein Fremder zu mir und gab mir als Pfand zwei köstliche Perlen von großer Schönheit. Ich hatte meine Freude an ihnen, als wären sie mein. Heute, als du im Bethaus warst, ist der Fremde gekommen und hat das Pfand zurückverlangt. Soll ich es ihm geben?'

Ihr Mann antwortete: ‚Wie kannst du zögern, anvertrautes Gut zurückzugeben?'

Da nahm die Frau ihn bei der Hand und führte ihn in die Schlafkammer. Sie hob die Decke vom Bett. Da lagen die Knaben, still und schön. Beide waren tot.

Der Rabbi schrie laut auf und warf sich über die Söhne. Seine Frau sprach: ‚Hast du nicht gesagt, das Pfand müsse zurückgegeben werden? – Der Herr hat es gegeben, der Herr hat es genommen. Der Name des Herrn sei gelobt.'"

Nachdem die Ehefrau und Mutter den Text zu Ende gelesen hatte, herrschte zunächst wieder Schweigen am Tisch. Aber das war jetzt ein anderes Schweigen als bisher. Ihm fehlten die Schwere und die Tiefe. Dieses Schweigen war irgendwie leicht.

Frieda griff über den Tisch nach den Händen ihres Mannes, drückte sie und schaute ihn mit Tränen in den Augen an. Dann nahm sie die Hände von Ueli und Katrin: „Ich weiß nicht, wer die Frau ist, die mir die Geschichte von dem Pfand zugeschickt hat. Gott muss sie beauftragt haben, mir die Augen dafür zu öffnen, dass Kinder nur Leihgaben sind und nicht ewiger Besitz. Das gilt auch für Marianne."

Nach diesen Worten versagte ihr die Stimme, und sie begann, bitterlich zu weinen. Endlich konnte sie weinen und den Tränen freien Lauf lassen. Dass die drei anderen am Tisch ihre Tränen in diesem Moment auch nicht zurückhielten, war gut und für alle befreiend. Das dunkle, schwere Tuch der Trauer wurde ein Stück weggehoben.

An diesem Abend sangen sie leise das Lied: „Weiß ich den Weg auch nicht, du weißt ihn wohl. / Das macht die Seele still und friedevoll. / Ist's doch umsonst, dass ich mich sorgend müh, / dass ängstlich schlägt das Herz, sei's spät, sei's früh ..."

Frieda lernte in den kommenden Wochen, das „Pfand" zurückzugeben. Bestärkt wurde sie darin durch einen merkwürdigen Traum. Darin erlebte sie den Unfall ihrer Tochter und ihrer Freunde aus unmittelbarer Nähe quasi als Augenzeugin mit. In dem Augenblick, als die Lokomotive das Auto erfasste, traten in einem hellen Licht Peter und Mathilde in die Szene, nahmen Marianne bei der Hand und schwebten mit ihr in diesem Licht davon, bis sie von einem noch helleren Licht aufgenommen wurden und aus dem Bild verschwanden. Damit endete dann auch die denkwürdige Traumszene.

Für die Mutter war das ein Zeichen Gottes dafür, dass das Mädchen tatsächlich das Ziel seines Glaubens erreicht und seine himmlische Wohnung bezogen hatte; dass Marianne mit ihren vorausgegangenen Geschwistern an diesem Ort war.

Katrin litt besonders unter dem Verlust ihrer Schwester. Vier Jahre lang hatte sie sie jeden Tag vom Bahnhof abgeholt. Bisher hatte sie in den Eltern wenig Hilfe gehabt, um ihren jugendlichen Kummer zu verarbeiten. Frieda und Fritz waren in der eigenen Not gefangen gewesen. Jetzt war die Mama da und wandte sich der jüngsten Tochter wieder mehr zu.

In diesen Tagen las Frieda eines Morgens in den Losungen den Spruch aus Psalm 103: „… vergiss nicht, was er dir Gutes getan hat“. Da wurde ihr bewusst, wie unendlich viel Gutes ihr Gott in all den Jahren geschenkt hatte. Von da an übte sie sich darin, dafür zu danken. Sie spürte, wie in der Folge neue Kraft in sie zurückkehrte. Dabei erinnerte sie sich an das gemeinsame Rezept von Mathilde und ihr, das ihr durch so viele schwierige Tage geholfen hatte: „Versuche es mit Danken!“

Den dunklen Wochen und Monaten auf dem Schweikhof folgte nun ein ganzes Jahrzehnt, in dem es für Frieda und ihre Familie überwiegend hell war. Schöne Jahre, interessante Jahre. Jahre, in denen die Gesamtfamilie größer wurde; in denen die Kinder sich beruflich weiter orientierten und entfalteten; in denen die Enkel heranwuchsen und auch schon schulisch und beruflich ihren Platz suchten und fanden; in denen die beiden Großeltern in der Mitte der Familie natürlich an Jahren zunahmen, sich dabei aber weiterhin einer guten Gesundheit erfreuen konnten.

Frieda machte in dieser Zeit wieder mehrere Reisen ins Ausland. Sie führten sie zum zweiten Mal nach Indien und dann nach Brasilien. Auf dem indischen Subkontinent ging es wie bei der ersten Reise um tibetische Flüchtlinge in den Lagern, um ihre Lebens- und Arbeitsbedingungen und besonders natürlich um die Patenkinder. Deren Zahl war durch eine intensive Werbearbeit des Schweizer Hilfswerks der Tibetfreunde, zu dem Frieda nach wie vor gehörte, erheblich gewachsen. Dieses Mal verlief die zweiwöchige Reise ohne irgendwelche dramatischen Abenteuer. Sie brachte allerdings auch nicht die gewünschte Begegnung mit dem eigenen Patensohn, den Frieda auf der ersten Indienreise kennengelernt hatte. Dafür brachten die vierzehn Tage aber wieder reichen Gewinn an sonstigen Erlebnissen und Erfahrungen.

In dem großen südamerikanischen Land besuchte Frieda ihre Tochter Veronika. Die junge Frau hatte sich vor einiger Zeit von der Mennoniten-Gemeinde Langnau als Missionarin nach Palmeira aussenden lassen. In dieser 20.000-Einwohner-Stadt etwa achtzig Kilometer westlich von Curitíba im brasilianischen Bundesstaat Paraná gelegen, lebte und arbeitete sie als Sozialarbeiterin in einem Kinderheim. Etwa hundert Jungen und Mädchen aus ärmlichsten Verhältnissen kamen täglich in die Einrichtung, wo sie versorgt und gefördert wurden und den Tag in guter Obhut verbringen konnten.

Dem besonderen Gast aus der fernen Schweiz machte es einerseits Mühe, diese Kinder täglich zu erleben und zu sehen, in welch primitiven Verhältnissen sie mit ihren oft großen Familien in den Slums am Rande der Stadt leben mussten. Andererseits machte es Frieda Freude, mit ihren geringen portugiesischen Sprachkenntnissen mit den Jungen und Mädchen umzugehen und zu erleben, wie sie sich über die Zuwendung der fremden Frau freuten, wie dankbar sie die tägliche Maisration mit schwarzen Bohnen und einer halben Banane zum Nachtisch genossen und wie begeistert sie im Unterricht saßen, um Lesen, Schreiben und Rechnen zu lernen und von Jesus zu hören, dem Heiland der Kinder.

Interessant für Frieda war es auch, ihre Tochter im Unterricht mit den Müttern zu erleben. Hier ging es um Fragen der Hygiene und der Gesundheit, um verschiedene Handarbeitstechniken und darum, wie man seine Familie mit wenigen Lebensmitteln einigermaßen hinreichend und gesund ernähren konnte. Schön war es auch, geistliche Gemeinschaft zu pflegen mit dem internationalen Mitarbeiterteam der Missionsstation und in den Gemeinden deutscher Mennoniten, die es zahlreich im Umland gab.

Frieda gefiel es so gut in Palmeira, dass sie gerne auf den geplanten Flug hinauf nach Brasilia, in die Hauptstadt, verzichtete. Veronika hätte sich die Zeit dafür auch irgendwo stehlen müssen. Die Arbeit ließ eine mehrtägige Abwesenheit kaum zu. So blieb es bei einigen Halbtagsausflügen mit dem Geländewagen in die nähere und weitere

Frieda mit tibetischen Kindern in Nordindien

Umgebung zur Besichtigung von Kaffeeplantagen und zum Besuch der Nachbarstädte Ponta Grossa und Campo Largo. Der Tag auf der abgelegenen Dschungelstation Quero Quero zeigte der Schweizerin, dass es weniger ärmlich zuging, wenn die Leute Land und Wasser zur Verfügung hatten. Hier wurden Gärten und kleine Felder bebaut und Hühner, Ziegen und Schweine gehalten. Der Ausflug an den Iguaçu, einen Nebenfluss des Paraná, machte Frieda ebenso Freude.

Insgesamt erlebte die Besucherin aus dem Emmental drei ereignisreiche Wochen mit ihrer Tochter, und sie nahm am Ende ihrer Zeit eine Menge gute Erinnerungen mit nach Hause …

In der Heimat kümmerte sich die Schweikhöferin ab 1991 als berufenes Mitglied der Fürsorgekommission der politischen Gemeinde Affoltern um tamilische Asylanten, zumeist Männer, aber auch einzelne Familien, die in wachsender Zahl im Ort betreut wurden. Diese Menschen hatten ihre Heimat Sri Lanka wegen des dortigen Bürgerkriegs verlassen. Seit 1983 kämpfte die tamilische Bevölkerungsminderheit im Norden des Inselstaates gegen die dominierende, mächtige Bevölkerungsmehrheit der Singhalesen im Süden um einen eigenen Staat. Und wer wegen seiner direkten oder auch indirekten Sympathie oder gar Beteiligung an den Spaltungsbestrebungen der Tamilen ins Visier der staatlichen Behörden geriet, sah sich immer häufiger genötigt, sich in Sicherheit zu bringen. Auch die Schweiz hatte sich angesichts dieser Lage bereitgefunden, Asyl suchende Tamilen aufzunehmen.

Frieda war nach Zeit, Kräften und Möglichkeiten voll ausgelastet. Ihr Fritz trug alle ihre Aktivitäten gerne mit und unterstützte seine Frau in ihren Tätigkeiten, wo er konnte. Sie hatten ein schönes Miteinander, und Frieda liebte ihren Mann wie eh und je.

Wie hatte sich jener Eheberater Dr. Müller doch vor Jahren geirrt! Das könne bei dem großen Altersunterschied nie gut gehen mit ihnen beiden, hatte er gemeint. „Lassen Sie die Finger von diesem Abenteuer ‚älterer Witwer mit fünf Kindern'. Sie werden dabei nicht glücklich", hatte er geraten. Manchmal kam den beiden Habeggers diese Sache in Erinnerung, wenn sie wieder einmal in vertrauter Nähe draußen auf der Bank oder auch drinnen auf dem Sofa saßen und sich die Hände hielten. Dann konnten sie herzlich lachen. Fritz sagte: „Du hast es recht gemacht, nicht auf diesen Mann zu hören. Und Gott hat es alles recht gemacht, dass er dich mir gegeben hat. Welch ein Segen für mich." Frieda kuschelte sich dann in den Arm ihres geliebten Mannes. Sie freute sich an ihrem Glück. Dabei sagte sie ihm zuweilen die Worte aus einem Gedicht von Matthias Claudius, das sie ihm einmal zu einem Geburtstag aufgeschrieben hatte: „Du mein Liebster in meinem Leben! ‚Wie gut, dass ich dich fand. Doch ich fand nicht. Gott hat dich mir gegeben; so segnet keine andre Hand.'"

Das harmonische, glückliche Miteinander der beiden Habeggers ging dann allerdings nach nicht ganz sechsunddreißigjähriger Dauer am Montag, dem 21. März 1994 völlig unerwartet und von einem Augenblick zum nächsten zu Ende. Zum Hof gehörte seit vielen Jahren auch ein Nebenhaus, das „Stöckli", gebaut von Fritz' Großeltern als Alterssitz. Wenn irgendwann Ueli den Hof übernahm, wollten Fritz und Frieda das große Haus räumen und in die Wohnung nach drüben umziehen. Solange das Stöckli noch nicht gebraucht wurde, blieb es allerdings vermietet.

Am Anfang des Jahres wurde die Wohnung im Stöckli dann frei. Gemeinsam mit Ueli begannen seine Eltern, die Räumlichkeiten für sich herzurichten. Fritz und Frieda wollten ihr Domizil im Haupthaus gerne nach Ostern räumen, um es für den Sohn mit seiner Sonja und ihren drei kleinen Kindern frei zu machen. Die beiden wohnten mit Stefanie, Simon und Andrea eher beengt in der Dachwohnung des Stöckli. Nach dem Umzug der Eltern wollten sie im Bauernhaus gerne zügig umbauen und renovieren und möglichst bald in die für sie neue, größere Wohnung umziehen.

An einem Montag war Frieda mit einem der beiden Mädchen unterwegs, während Fritz seinem Sohn auf der Baustelle zur Hand ging. Der alte Herr – in acht Wochen würde er zweiundachtzig werden – hatte sich zwar in den vergangenen Wochen gelegentlich über Herzschmerzen beklagt, aber die Beschwerden nicht weiter ernst genommen. Der Arzt hatte die Sache auch nicht als dramatisch beschrieben und ihm lediglich ein Medikament verordnet, das er notfalls nehmen sollte. Wie gesagt: notfalls. Bisher hatte es den Notfall aber nicht gegeben.

Fritz fühlte sich gut und stark, und so war er mit Ueli auf dem Hof bei der Arbeit, als ihn ohne jede Vorankündigung die Attacke traf. Er vermochte gerade noch den Sohn zu bitten, er möge rasch die Herztropfen holen. Aber als Ueli damit aus der Küche kam, war es schon zu spät. Die Attacke seines Vaters war zu heftig und wurde zum tödlichen Infarkt. Ohne noch irgendein weiteres Wort sagen zu können, brach der Mann vor den Augen seines Sohnes zusammen und war auf der Stelle tot.

Als Frieda nach Hause kam, fand sie ihren Fritz in der Bauernstube auf dem Boden liegen, so, wie ihn Ueli gebettet hatte, ein stilles, zufriedenes Lächeln auf dem bleichen Gesicht. Der Arzt war noch im Haus. Er hatte den Tod von Fritz Habegger bereits bestätigt und den Totenschein ausgestellt. Für Fritz ein sehr gnädiger Tod, wie der Mann bemerkte. Er drückte der Witwe nur noch kurz die Hand, sprach ihr sein Beileid aus und ging.

Für den Moment glaubte Frieda, auch ihr Herz müsse

stehen bleiben. Sie kniete sich bei dem Leichnam nieder. Unter stillen Tränen umfing Frieda ihren geliebten Fritz ein letztes Mal, so gut das noch ging, küsste ihn auf seine kalte Stirn und streichelte ihm die fahlen Wangen. „Mein lieber Fritz, dass du davongehst, wo ich nicht da bin, so plötzlich, ohne einen letzten Blick, ohne ein letztes Wort", flüsterte sie dem Toten zu, um dann eine ganze Weile still seine starre Hand zu halten, von der sie empfand, sie enthalte noch ein wenig Wärme.

Nach weiteren Minuten der stillen Trauer und der leisen Tränen sagte Frieda: „Dass du mich allein ins Stöckli einziehen lässt, nehme ich dir ein bisschen übel, mein Lieber. Aber du darfst ja jetzt bei Jesus in einem besseren Zuhause sein. Irgendwann werden wir uns wiedersehen, wenn ich nachkomme. Wann das ist, weiß Gott. Der hat dich mir gegeben und mich dir. Jetzt hat er dich mir wieder genommen, und ich muss es ertragen. Danke für deine Liebe, Fritz, für deine Treue, für alles, was du mir an Gutem getan hast. Gott hab dich selig."

Frieda blieb noch ein paar Minuten neben ihrem toten Mann knien, folgte dann aber doch dem Ruf ihres Sohnes, der wohl schon eine ganze Weile hinter ihr in der Türe gestanden hatte, inzwischen mit seiner Sonja im Arm.

Sie erhob sich und wischte sich mit ihrem Taschentuch die Tränen aus dem Gesicht. „Wir müssen den anderen Nachricht geben, damit sie Abschied nehmen können und damit wir über die Beerdigung sprechen können."

Frieda Habegger war in den Tagen bis zur Beerdigung ihres Mannes und auch danach erstaunlich stark und gefasst.

Die Beerdigung mit der Aussegnung auf dem Hof und der Beisetzung in Affoltern unter großer Anteilnahme der Bevölkerung, mit dem Ehrensalut der Werktagsschützen und dem Blasen des Posaunenchors wurde zu einer Feier, in der ein wertvoller Mensch seinem eigentlichen Besitzer zurückgegeben wurde. Fritz Habegger hatte das biblische Alter überschreiten dürfen. Die Spuren, die er hinterließ, erlaubten kein lautes Weinen und Klagen. Vielmehr tauchte der Wunsch auf, seinem Vorbild nachzueifern, das an einem höheren Vorbild orientiert gewesen war.

Der Witwe taten die vielen anteilnehmenden Worte bei der Beerdigung gut, waren sie doch ein Zeichen dafür, dass ihr Fritz auch bei Menschen außerhalb der Familie geliebt worden war.

Beim Umbau des Stöckli hätte es beinahe ein Unglück gegeben. In der oberen Etage war zur besseren Isolierung nach unten ein Fließbeton zwischen die Balken des Bodens eingebracht worden. Damit der Beton schneller trocknete, hatte man auf einen der Balken einen elektrischen Heizofen gestellt, der auf ziemlich hoher Stufe Wärme verbreitete.

Am darauffolgenden Morgen ging Frieda früh ins Stöckli hinüber, um zu schauen, ob denn diese Maßnahme dem Fortgang der Arbeit genutzt habe. Als sie die Haustüre öffnete, erfüllte dicker, beißender schwarzer Rauch das Haus. Eine mächtige Hitze schlug ihr entgegen. O Schreck! Was war das? Der Balkon und die Holzwand glühten!

Frieda geriet in Panik. Der Heizofen! Herr im Himmel, hilf!

Mit dem Taschentuch vor dem Mund versuchte Frieda, in einem der Räume unten ein Fenster zu öffnen, damit Atemluft ins Haus käme. Aber so sehr sie sich bemühte – kein Fenster ließ sich öffnen. Merkwürdig war das! Frieda rannte hastig und höchst aufgeregt die Treppe hinauf, immer das Taschentuch vor dem Mund, um es oben zu versuchen. Aber auch hier ließen sich weder ein Fenster noch eine Türe öffnen. Das Haus war nach außen wie verriegelt.

Frieda geriet in Verzweiflung, hustete und prustete und wusste nicht, was sie noch tun sollte. Dem glühenden Ofen konnte sie sich nicht nähern. Sie erkannte das Ding im verrauchten Raum ohnehin nur schemenhaft und daran, dass es vor Hitze glühte.

Sie stolperte wieder nach unten – und fiel einem der Handwerker in die Arme. Der Mann war ebenso entsetzt wie sie, reagierte aber ganz anders. „Schnell raus und die Türe wieder zu!“, kommandierte er. „Und jetzt die Feuerwehr gerufen. Viel Zeit bleibt nicht, sonst geht das Haus hoch!“

Zum Glück dauerte es nur wenige Minuten, bis der Löschzug aus dem Tal die kurze Strecke zum Schweikhof heraufgekommen war und die Männer an ihre Arbeit gehen konnten. Die Feuerwehrleute bekamen die Lage rasch in den Griff und konnten durch ihren Einsatz Schlimmeres abwenden. Das Stöckli war gerettet, Gott sei Dank! Was machte es, dass viele der bereits fertigen Installationen nun noch einmal eingebaut werden mussten. Das war sicher das kleinere Übel.

Eine Erklärung dafür, warum sich kein Fenster hatte öffnen lassen, hatten die Männer genauso wenig wie die

Handwerker. Sie wussten nur, welche Wirkung es gehabt hätte, wenn Frischluft ins Haus gekommen wäre.

Einer der Männer sagte erleichtert: „Dank deinem Gott dafür."

„Und ob ich das tue", gab Frieda ebenso erleichtert zurück. „Ich bin sicher, dass Gott seine Hände im Spiel gehabt hat. Er muss seinen Engeln befohlen haben, wie es in Psalm 91,11 heißt. Die haben die Verriegelungen blockiert. Eine andere Erklärung gibt es nicht."

Bevor die Männer des Löschzugs abfuhren, nahmen sie einen kleinen Imbiss zu sich, den Frieda mit Sonja im Bauernhaus rasch zusammengestellt hatte.

Das Stöckli, Friedas Alterssitz auf dem Schweikhof

Und dann kam er doch, wenngleich mit Verspätung, der ersehnte und dennoch schwere Tag für Frieda, dieser Einzugstag in Räume, die ihr Fritz noch mit geplant, ausgebaut und in Gedanken eingerichtet hatte. Die Witwe empfand es immer wieder neu als schmerzlich, dass der geliebte Gefährte fehlte.

Da war niemand mehr, der sie rief, weil er sie brauchte. Niemand, dem sie eine Handreichung tat und er ihr und den sie fragen konnte nach diesem und jenem. Niemand, der ihre Nähe suchte, in dessen Arm sie sich glücklich fühlte, dem sie die Hände halten und die Wangen streicheln konnte. Da war auch niemand mehr, mit dem sie morgens die Tageslosung lesen und abends den Tag mit Gebet, Fürbitte und Dank abschließen konnte.

Das Leben ist so interessant

In den ersten Trauerwochen hielt Frieda sich zunächst ein wenig aus der Öffentlichkeit zurück. Um die tamilischen Flüchtlinge und um die Albaner aus dem Kosovo, die seit dem Beginn des Krieges auf dem Balkan vor ein paar Jahren von der Schweiz aufgenommen worden waren, kümmerten sich andere.

Jetzt musste sie sich als nunmehr alleinstehende Frau zunächst ganz neu orientieren. Sie bekam mit der Zeit neue Aufgaben, die ihre Zeit füllten und die sie regelrecht herausforderten.

Vor allem waren es zwei Dinge, die sie sich vornahm. Zum einen wollte sie gerne ein weiteres Mal nach Indien reisen. Irgendwie hatte sie Sehnsucht, ihren tibetischen Patensohn Tenzin zu treffen, den sie seit beinahe dreizehn Jahren aus der Ferne versorgte und betreute und der sie in jedem seiner sporadischen Briefe mit „Dearest Mummy" anredete.

Zum anderen wollte sie einen Vorschlag aufgreifen, den ihr irgendwann einmal jemand gemacht hatte. Derjenige oder diejenige – das musste ein Mitarbeiter oder eine Mitarbeiterin der „Schweizerischen Stiftung für das cerebral gelähmte Kind" gewesen sein – hatte zu ihr gesagt, sie möge doch ihre Geschichte mit Mathilde aufschreiben. Sie könne reden, also könne sie auch schreiben. Und wer Artikel für Zeitungen und Zeitschriften verfassen könne, sei auch in der Lage, ein Buch zu schreiben. Zudem gebe es sicher eine Menge Leute, denen dadurch das Schicksal ihrer Tochter zu Herzen ginge und die sich vielleicht dazu bewegen ließen, sich auch für behinderte Menschen einzusetzen.

Warum also nicht?, dachte sich Frieda und fragte bei der Stiftung an, zu der sie ohnehin seit ihren ersten Jahren auf dem Schweikhof Kontakt hatte, ob es noch ein Interesse an der Veröffentlichung von Mathildes Geschichte gebe. Sie wollte ungern nur für die Schublade schreiben. Die Antwort der Stiftung kam prompt und war positiv. Es gab dieses Interesse, und es wurde sogar als Auftrag formuliert: „Schreiben Sie!" Dazu bekam sie auch bereits den Hinweis auf einen Verlag, der sich des Projekts wahrscheinlich annehmen wollte.

Also begann die Witwe, sich intensiv an Mathilde und die gemeinsamen Jahre mit ihr zu erinnern. Was ihr einfiel und wichtig erschien, notierte sie zunächst ungeordnet auf kleine Zettel, die nach und nach eine ganze Wand in ihrer Stöckli-Schreibstube füllten. Später brachte sie diese Zettel entlang einer Zeitleiste in eine Ordnung, wie sie ihr sinnvoll erschien. Dann begann sie erste Episoden zu schreiben, ließ diese Seiten von Fachleuten prüfen und begann nach deren Hinweisen zu Form und Stil ihre Schreibarbeit von vorne. So entstanden nach und nach bis zur Jahreswende 1995/96 siebzig Seiten Text.

Glücklich gab Frieda das Manuskript beim Berchtold Haller Verlag in Bern ab, damit der sich weiter um die Veröffentlichung von „Mathilde, Mathilde … Ein erfülltes Leben trotz schwerer Behinderung" kümmere – denn so sollte das Buch heißen. Sie wusste: Mit Gottes Hilfe war dieses Buch möglich geworden, und er würde es auch zum Segen setzen.

Im Januar 1996 befand sich Frieda wieder einmal in Indien. Begleitet wurde sie von Lydia, ihrer Patentochter. Die junge Frau wollte die Reise gerne mit ihrer Patin erleben und ihr bei der Verständigung im fremden Land behilflich sein.

Dass die fünfundzwanzigjährige Krankenschwester sich auf das Abenteuer Indien eingelassen hatte, war ihrer Patin wie ein himmlischer „Zufall", wie ein Wunder erschienen. Frieda hatte an einem Frauenabend im Herbst 1995 neben Lydias Mutter gesessen und sich plötzlich fragen hören, ob die Tochter vielleicht mit ihr nach Indien fliegen würde. Die Frage musste ihr der Himmel eingegeben haben. Vorher daran gedacht hatte sie jedenfalls nicht. Eine solche Reise wollte sie lieber nicht allein antreten, merkte sie jetzt.

Postwendend bekam sie eine Zusage, und bereits zwei Tage später erhielt sie dann eine Karte von Lydia, auf der unter anderem stand: „Ich freu mich unbeschreiblich und muss dir unbedingt den Losungstext unseres Abreisetages, des 5. Januars, bekannt geben: ‚Der Herr wird seinen Engel mit dir senden und Gnade zu deiner Reise geben', aus 1. Mose 24,40 ..."

Mit diesem guten Zuspruch, mit diesem tröstlichen Wort im Bewusstsein landeten die beiden Frauen nach langer Flugreise glücklich an ihrem Zielort. Noch an der Gepäckausgabe im Flughafengebäude suchten sie Tenzin unter den vielen Gesichtern derer, die auch Reisende abholen wollten. Aber unter der Menge von braunen Gesichtern das richtige zu finden, war gar nicht leicht.

Der junge Tibeter war es dann, der sich als Erster bemerkbar machte. „Mummy! My dearest Mummy! Here I am!", rief er durch den Raum über alle anderen Köpfe hinweg. Er hüpfte vor Freude wie ein Kobold von einem Bein aufs andere und winkte lebhaft mit beiden Armen. „Meine geliebte Mummy! Hier bin ich!“ Der Mann hatte seine Patin aus der fernen Schweiz von dem Foto erkannt, das er in der Hand hielt.

War das ein Begrüßen! Vor vierzehn Jahren hatten die beiden sich zum ersten und vorläufig letzten Mal gesehen. Damals hatte Frieda in Dharamsala mit dem zehnjährigen Waisenkind Tenzin Federball gespielt und dabei den Jungen in ihr Herz geschlossen. Später hatte sie sein Schicksal erfahren und seine Patenschaft übernommen.

Tenzins Eltern waren vor seinen Augen erschossen worden, und er war mit einem Flüchtlingstreck über das Gebirge nach Nordindien gelangt; unterwegs hatte er seine Schwester verloren, die auch nie wieder gefunden wurde.

Jetzt hielt dieser junge Mann sie in den Armen und wollte sie schier nicht mehr loslassen. „My dearest Mummy!“, wiederholte er immer wieder. Dabei liefen ihm Freudentränen über sein mageres, markantes Gesicht, das ihn älter erscheinen ließ, als er wirklich war. „Wie schön, dass du hier bist, Mummy!“

Einige Stunden später, nach Mitternacht, erreichten die drei das Hotel in seinem Studienort Bhopal, wo Tenzin sich und seine Gäste eingemietet hatte. Welch ein Schmuddelquartier hatte der Junge da ausgesucht! Den beiden Ankömmlingen schauderte es, als sie das kaum beleuchtete, heruntergekommene Treppenhaus zu ihrem Zimmer hinaufstiegen und dabei mehrfach über schlafende Männer stolperten. Ob das wohl Angestellte des Hotels waren?

Sie schüttelten sich, als sie ihr Zimmer betraten. War das ein Hotelzimmer für müde Reisende? Das war wohl

Frieda 1994 mit ihrem tibetischen Patensohn Tenzin

eher eine feuchte, dämmrige Abstellkammer. Die Deckenlampe war ohne Fassung und hing nur an ihrem Kabel. Der kleine Tisch wackelte, und es gab nur einen Stuhl. Der Schrank reichte nie und nimmer für die Sachen zweier Leute. Zudem ließ er sich nicht abschließen. Das Waschbecken hatte einen Sprung, und der Wasserhahn darüber tropfte. Die Bezüge über den dünnen Kissen und Decken der beiden schmalen Betten waren grau und hatten Löcher. In diesen Betten sollten sie schlafen? Es fehlte nur noch, dass aus irgendeiner Ecke die Kakerlaken gekrochen kämen. So primitiv hatte es Frieda noch bei keiner ihrer Auslandsreisen erlebt. Das konnte etwas werden!

„Hier sollen wir nun für ein paar Tage wohnen?“, entfuhr es der „Mummy“, nachdem Tenzin endlich sein Erzählen beendet hatte. Mit einem fröhlichen Gute-Nacht-Wunsch für seine „dearest Mummy“ und für „my new godsister“ hatte er den Raum verlassen und seinen eigenen gleich nebenan aufgesucht.

„Müssen wir wohl“, versuchte Lydia ihr eigenes Entsetzen zu überspielen. „Tenzin hat es sicher gut gemeint, als er sich und uns hier einquartiert hat.“

„Dabei hat er wohl nur auf den Preis geachtet und nicht auf Qualität.“

„Vergessen wir, dass wir aus der sauberen Schweiz kommen“, schlug Lydia vor.

„Müssen wir wohl, Mädchen“, gab die Ältere der Jüngeren recht. „Werfen wir unsere Schweizer Ansprüche in den Papierkorb.“ Beide seufzten.

„Übrigens“, lächelte Lydia, „denk an den Engel aus der Losung vom Reisetag!“

Jetzt musste Frieda auch schmunzeln. „Gut so, Kind. Danke für die Erinnerung. Ich denke dran und schicke mich. Gottes Gnade sieht halt zuweilen anders aus, als wir uns das denken. Packen wir also das Nötigste aus. Versuchen wir zu schlafen und halten es dabei mit Paulus.“

„Mit dem Apostel Paulus?“, wunderte sich Lydia.

„Ich vermag alles durch den, der mich mächtig macht“, zitierte ihre Patin aus dem Philipperbrief.

„Einverstanden“, gab das Mädchen zurück. „Und während der Nacht harren wir mutig der Dinge, die Tenzin für uns für die nächsten Tage vorbereitet hat.“

„Er hat mir geschrieben, dass es sehr interessant würde“, erinnerte sich ihre Patin. „Lassen wir uns also überraschen.“

Es wurde sehr interessant in den nächsten Tagen. Die drei Besucher der indischen Hauptstadt waren ständig unterwegs zu irgendwelchen berühmten oder auch weniger berühmten Sehenswürdigkeiten oder auch nur, um die Atmosphäre dieser bunten, wuseligen Stadt, ihrer Straßen und Plätze, ihrer Gärten und Parks zu erleben. Da hatte sich seit ihrem letzten Besuch in dieser Millionenstadt wenig verändert. Alles schien Frieda nur noch dichter und hektischer geworden zu sein.

Immer wieder saß die Emmentalerin mit ihren beiden Patenkindern in einer Teestube oder einem Restaurant, abends bis in die Nacht hinein, um zu erzählen und sich auszutauschen über ihre unterschiedlichen Lebenswelten und persönlichen Geschichten.

Als wichtigstes Verkehrsmittel durch die Stadt diente den dreien die Rikscha, manchmal eine von Hand gezogene, meistens eine Fahrrad-Rikscha. Aber sie fanden es so beschämend, sich von ausgehungerten Männern durch das enge Verkehrsgewühl transportieren zu lassen. Solchen Rikscha-Führern steckten sie zuweilen im Vorbeigehen ein paar Rupien zu. Geld verdienen durften sich auch ein Straßenfriseur und Schuhputzjungen, die es überall gab. Auch ein junger „internationaler dressmaker“, wie der Schneidermeister Gurda Singh sich auf einem Schild nannte, machte ein gutes Geschäft. Der Mann nahm auf der Straße Maß für indische Saris und europäische Kleider, kam zur Anprobe ins Hotel und lieferte am nächsten Tag hervorragende Arbeit ab. Zum Dank gab es einen guten Lohn und eine heitere Plauderstunde bei Tee und Gebäck.

Ein besonderer Höhepunkt dieser Tage war der Besuch des supermodernen Lotosblüten-Tempels der Bahai.

Welch ein Prachtbau in einem herrlichen Park, dieses heilige Bethaus für viele Religionen! Aber welch ein Kontrast zu den ungezählten Winkeln der Stadt, aus denen Armut, Not und Elend schrien. Tenzin machte dann auch seinem Unmut Luft, nachdem die drei Besucher ihre Schuhe wieder an den Füßen hatten und aus der weihevollen Dämmerstimmung und angenehmen Kühle des großen Raumes ins gleißende Sonnenlicht und in die Tageshitze zurückgekehrt waren.

„Was für ein aufwendiger Riesenbau!“, schimpfte er. „Für einen solchen Luxus ist das Geld da, aber Millionen in unserm Land und Hunderttausende in dieser Stadt müssen in den elendsten Hütten leben oder auf der Straße und wissen nicht, wie sie den Hunger stillen sollen. Lasst uns bitte schnell hier weggehen. Ich ertrage das nicht!“

Recht hatte er, der junge Mann, der als Chemiestudent – übrigens der einzige Tibeter in diesem Fach, wie er selbst sagte – wahrlich nicht im Luxus lebte. Er bestritt seinen Unterhalt von dem, was andere ihm zukommen ließen und was er sich durch seine eigene allabendliche Arbeit in einem Hotel seiner Stadt als Tellerwäscher und Reinigungskraft verdiente.

Und ein gutes Herz hatte Tenzin. Er, der selbst nicht viel besaß, gab einen der beiden Pullover, den seine Schweizer Patin ihm mitgebracht hatte, an einen armen, frierenden Rikschafahrer weiter und verschenkte auch eine Jacke an einen Bediensteten des Hotels, als hätte er das Jesuswort aus Lukas 3 schon begriffen: „Wer zwei Hemden hat, der gebe dem, der keines hat …“ Sie, die „Mummy“, habe ihm ja eine neue mitgebracht, also brauche er die alte Jacke nicht mehr, meinte er dazu nur. Wobei die „dearest

Mummy“ freilich zunächst schlucken musste, ehe sie über die Haltung ihres Patensohnes Freude empfinden konnte.

Dann kam der Sonntag. Ein denkwürdiger Tag, der für Frieda eine folgenreiche Begegnung enthielt. Sie besuchte mit Lydia und Tenzin einen anglikanischen Gottesdienst. Im Anschluss daran blieben die drei zum Kirchkaffee zurück. Als Fremde fielen sie im Gemeindesaal natürlich sofort auf und wurden bald von einem vornehm wirkenden Herrn angesprochen. Der stellte sich als Dr. Jacob vor, Direktor des St. Stephen's Hospitals. Das sei ein Missionskrankenhaus im Stadtteil Tis Hazari mit mehr als hundertjähriger Geschichte. Interessiert fragte der Mann nach dem Wer und Was, dem Woher und Weshalb der Gäste. Erstaunt und begeistert hörte er von der Beziehung der Dame aus der Schweiz und dem jungen Tibeter. Dass jemand eine so weite Reise hierher unternahm, um seinen Patensohn zu besuchen, das machte auf Dr. Jacob einen großen Eindruck. Er kenne dieses Versorgungssystem für arme indische Kinder von der Kindernothilfe in Deutschland. Vom Schweizer Hilfswerk der Tibetfreunde hatte er bisher nichts gehört und war deshalb dankbar für die Information.

Als er dann erfuhr, dass Lydia ausgebildete Krankenschwester war, lud er die drei spontan zu einer Besichtigung seines Krankenhauses ein. Ob es nicht gleich morgen ginge, dann habe seine Frau, die auch Ärztin sei, Zeit für eine Führung. Es sei ihm eine große Ehre und Freude, wenn er sie am kommenden Tag alle drei als Gäste seines Hospitals begrüßen könnte.

Selbstverständlich nahmen die drei die Einladung an.

Der Rikscha-Fahrer, dem sie sich für den Weg anvertrauten, kannte sich aus. „Das Hospital kennt hier jeder. Ein gutes Haus mit guten Menschen!“, freute er sich über den Auftrag, ließ den Motor seines Gefährts aufheulen und kämpfte sich hupend und schimpfend durch das Verkehrsgewühl, um seine Fahrgäste nach einstündiger Fahrt heil und froh bei der Klinik abzusetzen. Dass er warten sollte, um für die Rückfahrt zur Verfügung zu stehen, machte den Mann sichtbar glücklich, und er bedankte sich dafür mit vielen Verbeugungen. Einen so lukrativen Auftrag bekam er nicht alle Tage.

An der Krankenhauspforte wurden die Besucher von Dr. Jacob und seiner Frau freundlich begrüßt und dann von der Ärztin durch das weitläufige Gelände und das große Gebäude geführt. Auf dem langen und interessanten Weg durch die Gänge und Etagen schauten sie in viele Krankenzimmer – die meisten schienen mit Patienten überfüllt –, Behandlungsräume, Labors und Operationssäle, die nach europäischen Maßstäben zwar sehr sauber, aber doch eher bescheiden eingerichtet waren. Krankenschwester Lydia zog zuweilen ihre Augenbrauen hoch und machte ein bedenkliches Gesicht. Manches war wirklich sehr schlicht, wenn nicht gar primitiv. Aber besser schlicht als gar nicht, mochte sie als Frau vom Fach dabei denken.

Über vieles wurden die Gäste informiert, was das indische Gesundheitswesen allgemein und die Arbeit dieses Hospitals im Besonderen ausmachte. Die vielen Menschen, die sie auf dem Gelände, auf den Fluren und in den Krankensälen sähen, seien entweder Patienten, die auf eine Behandlung warteten, oder Angehörige, die ihre Verwandten versorgten.

Von einem vorzüglichen Ärzteteam würden im Haus nahezu alle Krankheiten behandelt, einschließlich der modernen Geisel Aids. Beinahe alle denkbaren Operationen würden durchgeführt. Einige medizinische Bereiche befänden sich noch im Aufbau, wie die Neurochirurgie, die Psychiatrie und die Nephrologie mit Dialyseabteilung.

Es gebe viele gute Verbindungen zu ausländischen Organisationen vor allem in den USA und in Deutschland, zumeist christlichen, ohne deren Hilfe vieles nicht möglich sei. Deshalb sei das Hospital diesen Organisationen äußerst dankbar. Die im Aufbau befindliche Augenabteilung lebe zum Beispiel hauptsächlich von den guten Kontakten zur deutschen Christoffel-Blindenmission.

Reiche Patienten müssten ihre Behandlung bezahlen, informierte Frau Dr. Jacob aus dem sensiblen Bereich der Finanzen. Damit unterstützten sie zugleich die Behandlung armer Patienten, von denen niemand abgewiesen werde, auch wenn er gar keine Mittel besaß. Das entspräche der humanistisch-christlich-sozialen Einstellung der Krankenhausleitung, die sich auch um seelsorgerliche Fragen ihrer Mitarbeiterschaft und ihrer Patienten kümmere. So gebe es täglich Morgenandachten im Haus für Angestellte und Patienten.

Das Hospital verfüge übrigens auch über eine externe Station in einem der Slums von Delhi, auf der es jeweils dienstags einen besonderen Behandlungstag für Tuberkulosekranke gebe.

„Unser Dr. Amod Kumar wird mit einem Team von Ärzten, Krankenschwestern und Ernährungsberatern auch morgen wieder dort sein“, erzählte die Ärztin. „Sie mögen gerne mitkommen.“

Es genügte ein kurzer Blickkontakt zwischen Frieda, Lydia und Tenzin, um dieses Angebot anzunehmen.

So fand sich Patin Frieda mit ihren beiden „Kindern" am nächsten Tag im Nordostbezirk von Delhi in einem Quartier des absoluten Jammers wieder. Was sie hier an Elend zu sehen und zu riechen bekamen, übertraf alles, was die drei bisher gesehen und erlebt hatten, und war nicht zu beschreiben. Auch Tenzin, der schon einiges an Elend gewohnt war, hatte einen solchen Slum noch nicht gesehen. Dass Menschen aller Altersgruppen zusammengedrängt unter solchen Bedingungen in Dreck und Gestank und inmitten von schlimmem Ungeziefer ohne fließendes Wasser und ohne Kanalisation überhaupt leben konnten …

Solche Verhältnisse brauchte in der Schweiz kein Tier zu ertragen, ging es Frieda durch den Sinn. Dagegen standen die Tierschutzgesetze. Es müsste gegen solch unwürdige Lebensbedingungen Menschenschutzgesetze geben. Hut ab vor denen, die sich in diese Lebensfinsternis hineinwagten, um ein wenig Hilfe zu bringen! Hut ab vor Dr. Amod Kumar und seinem Team, die sich hier als „Engel" betätigten! Er lebte wohl aus einem starken sendungsbewussten Christusglauben und festen Gottvertrauen, das er immer wieder ausdrückte.

Als sie Dr. Kumar wieder zu einem Gespräch traf, fühlte sich Frieda niedergeschlagen und hilflos angesichts dieser Zustände. Nachdem die Schweizerin und der indische Arzt einige Minuten über den wöchentlichen Einsatz des medizinischen Teams und über das Erleben dieses Vormittags gesprochen hatten, sagte Dr. Kumar: „Wissen Sie, Mrs Frieda, ich habe so viele Träume für diesen Slum."

„Erzählen Sie mir davon, Dr. Kumar", bat die Besucherin den sympathischen Arzt – vielleicht in einer unbestimmten Vorahnung, dass dieses Gespräch Folgen haben würde.

Gerne kam der Mann ihrer Bitte nach. „Sie haben die vielen Slumkinder gesehen, Mrs Frieda. Die meisten von ihnen werden keine zehn Jahre alt. Und wenn sie doch älter werden, können sie weder lesen noch schreiben. Das bedeutet, dass sie kaum Überlebenschancen haben."

„Aber es gibt doch bereits Kindergarten und Schule", flocht Frieda ein.

„Für eine Handvoll Kinder, oder zwei Hände voll", gab Dr. Kumar traurig zurück. „Was ist das für tausend Kinder hier in diesem Quartier der Ärmsten? Uns fehlen die Mittel und der Platz. Und schauen Sie, für die Männer gibt es kaum Arbeit. Sie sind unterwegs als Tagelöhner und Bettler und bringen selten mit, womit eine Familie überleben kann."

„Es müsste einfache Werkstätten geben", sinnierte Frieda.

„Das gehört zu meinen Träumen. Aber auch dazu fehlen die Mittel, Mrs Frieda. Mit einigen Frauen möchten wir jetzt einen Versuch machen."

Bei diesem Hinweis horchte Frieda auf. „Was haben Sie vor?", fragte sie interessiert.

„Wir haben Kontakt zu Bauern, die gute indische Gewürze liefern können. Es gibt nirgendwo auf der Welt so gute Gewürze wie in Indien. Ich hoffe, Sie haben das auch schon geschmeckt. Zu meinem Traum gehört es, Gewürze zu mahlen, zu mischen, abzupacken und zu verkaufen. Das würde wenigstens einem Dutzend Frauen Arbeit ge-

Dr. Amod Kumar mit seiner Frau und seinem Sohn 2002

ben. Einen passenden Raum dafür hätten wir. Zulieferer wären da, Abnehmer ließen sich finden. Frauen, die gerne eine solche Arbeit machen würden, gibt es genug. Bis jetzt hätten wir etwa fünfzehn Arbeitsplätze dafür."

„Aber?", fragte Frieda zurück. „Was hindert Sie, diesen Teil des Traums umzusetzen?"

Dr. Amod Kumar zögerte mit seiner Antwort, als sei sie ihm peinlich. Dann holte er einmal tief Luft und sagte leise: „Wie bei allem anderen das Anfangskapital, Mrs Frieda. Vielleicht vorläufig tausend Dollar."

Jetzt war es die Besucherin, die mit einer Reaktion zögerte. Frieda spürte, dass die heutige Begegnung nicht von ungefähr kam, sondern einen tieferen Sinn hatte. Welcher das war, ahnte sie wohl auch. Aber irgendetwas in ihr stand auf der Bremse. „Wenn du jetzt hier einen kleinen Finger reichst, Frieda", sagte sie sich innerlich, „dann musst du bereit sein, die ganze Hand hinterherzureichen. Ob du das dann aber auch durchhalten kannst?"

Plötzlich ging ihr betend durch den Kopf, wie sie es ungezählte Male in ihrem Leben gebetet und gesungen hatte: „Weiß ich den Weg auch nicht, du weißt ihn wohl ... Also zeige ihn mir, Herr!" Laut antwortete sie: „Dr. Kumar, gut, dass Sie mir Ihren Traum erzählt haben. Ich nehme ihn auf mein Herz und mit in die Schweiz zu meinen Freunden und zu meinen Mitchristen."

Das Gespräch kehrte für ein paar Minuten noch einmal zu den laufenden Aufgaben in diesem Slum zurück und streifte auch noch ein paar private Dinge, bis Dr. Kumar sich erhob: „Ich muss noch einmal an die Arbeit, Mrs Frieda. Leben Sie wohl. Bleiben Sie behütet und gesegnet. Wenn Gott will, hören wir voneinander."

Am liebsten hätte die Besucherin diesen lieben Menschen zum Abschied in die Arme genommen. Aber das schickte sich nicht. Sie drückte ihm nur warm die Hand und sagte ihm die Segensworte: „God bless you."

Wenige Tage später hieß es für Frieda und Lydia im Flughafengebäude von Delhi nach dem Einchecken, von Tenzin Abschied zu nehmen. Dem jungen Mann stand dabei die Trauer deutlich im Gesicht. „Schade", sagte er leise, „jetzt bin ich wieder allein. Ich habe doch niemanden, der für mich sorgt, außer dir, dearest Mummy."

Lydia kam ihrer Patin zuvor mit ihrem Versuch, den jungen Mann zu trösten. Sie legte ihm die Hand auf den

Arm und schaute ihm liebevoll in seine dunklen Augen: „Schau, Tenzin, du hast hier eine Mutter, und jetzt hast du auch mich als Schwester, Tenzin. Und du hast einen Vater! Den Vater im Himmel. Vergiss das nicht. Du gehörst zu einer guten Familie."

Tenzins Gesicht hellte sich auf bei diesem Zuspruch. Er griff in den Beutel, den er in der Hand hielt, und zog eine weiße Schärpe hervor. „Danke, Schwester", sagte er und musste dabei ein wenig schlucken. „Die weiße Schärpe ist bei den Tibetern ein Zeichen der Freundschaft. Nimm sie mit, meine Lydia-Schwester, als Andenken an deinen Bruder Tenzin. Vergiss mich nicht und bete für mich."

Dann wandte der junge Mann sich seiner Patin zu und hängte auch ihr einen Schal um. „Auch du bekommst die weiße Schärpe der Freundschaft. Ich kann dir immer nur danke sagen. Danke, danke! Ich liebe dich."

„Und ich bin stolz auf dich, Tenzin", antwortete Frieda und nahm ihren Patensohn noch einmal in die Arme. Auch ihr setzte sich ein Kloß in den Hals, und sie musste schlucken.

Der junge Mann löste sich aus der Umarmung und fasste seine Patin an den Schultern. Jetzt strahlte er über sein kantiges Gesicht: „Das ist das Schönste, was ich jemals gehört habe. Du bist stolz auf mich! Gott segne dich!"

Es war gut, dass in diesem Moment der Flug nach Bombay wieder aufgerufen wurde und die beiden Schweizerinnen sich nun wirklich sputen mussten. Abschiede waren immer etwas Schlimmes. „Vergiss nicht, Dr. Kumar den Brief zu bringen, Tenzin. Der ist sehr wichtig!", rief Frieda dem jungen Mann noch zu, ehe sie mit Lydia in den Gang zum Flugzeug einbog.

Bereits wenige Wochen später bekam Frieda Post von Dr. Amod Kumar im Auftrag seines Direktors Dr. Jacob vom St. Stephen's Hospital. Mit bewegenden Worten bedankte sich der Mann für das Startkapital für sein „Gewürz-Projekt". Er habe das Geld in dem Umschlag vorgefunden, den ihm der tibetische junge Mann überbracht habe. Er sei höchst dankbar und verspreche, mit dem Geld sehr sorgfältig umzugehen. Jetzt wolle er gerne erste Schritte unternehmen, seine Träume für die Frauen und die Verpackung und Versendung von Gewürzen zu realisieren. Er werde sie, die verehrte Schweizer Gönnerin, auf dem Laufenden halten.

Die „verehrte Schweizer Gönnerin" schloss an ihrem Tisch im Stöckli des Schweikhofes für eine Weile die Augen, nachdem sie den Brief ein paarmal gelesen hatte. Gott, du bist groß, ging ihr durch den Sinn. Er hatte sie an Orte gebracht, wo sie Barmherzigkeit leben und Liebe üben konnte. Und im Sundar-Nagari-Slum in Delhi hatte sie den Grundstein legen dürfen für ein Gewürz-Projekt, das vielen Frauen mit der Zeit ein eigenständiges Leben ermöglichen würde.

Mit der Information von Dr. Kumar sprach Frieda in den folgenden Wochen viele Menschen im Emmental an, und das erfolgreich. Bereits im Juli konnte sie dem Direktor des St. Stephen's Hospitals und seinem Mitarbeiter Dr. Kumar einen Brief senden, den sie selbst kaum für möglich gehalten hatte. Sie bat darum, ihr möglichst bald eine genaue Beschreibung des Gewürz-Projekts zukommen zu lassen mit einer detaillierten Kostenaufstellung. Dazu kündigte sie an, im Februar des nächsten Jahres erneut nach Indien zu kommen, diesmal wieder mit den Tibetfreunden, aber auch mit einem längeren Aufenthalt in Delhi. Sie werde dann eine entsprechende Summe mitbringen, die sie in der Schweiz gesammelt habe. Sie freue sich schon jetzt darauf, die ersten Ergebnisse der Arbeit sehen zu können.

Die Vorfreude auf diese Reise wuchs bei der Stöckli-Bewohnerin sprunghaft, als sie Anfang Dezember einen weiteren Brief von Dr. Kumar in den Händen hielt. Sie musste den Brief ein paarmal lesen und dabei zugleich für sich übersetzen, weil er natürlich auf Englisch geschrieben war, bis sie wirklich begriffen hatte, welchen Stein sie in jenem fernen Land ins Rollen gebracht hatte.

„... Sie werden sich freuen zu erfahren, dass wir durch Ihre großzügige Hilfe mit einem ersten Teil des Gewürz-Projekts beginnen konnten. Es verschafft armen Frauen ein regelmäßiges Einkommen. Der Start war am 14. Oktober 1996, und das Projekt läuft schon mit großem Erfolg ... Ich hoffe, dass wir die Arbeit innerhalb der nächsten zwei bis drei Monate ausweiten können und wesentlich mehr Arbeitsstellen für Frauen anbieten können ...“

Überglücklich faltete Frieda die Hände, um Gott einfach zu danken für das, was sie da erfuhr. Das Gewürz-Projekt durfte bereits arbeiten. Sieben Frauen aus dem Sundar-Nagari-Slum waren vollzeitig dabei. Acht weitere Frauen wurden zunächst als Teilzeitkräfte beschäftigt mit der Option, auch bald ihren Lebensunterhalt voll verdienen zu können. Und die Einstellungen weiterer Frauen waren bereits ins Auge gefasst. Das war einfach herrlich!

Bei ihrem angekündigten Besuch im St. Stephen’s Hospital in Delhi, das nach wie vor die Trägerschaft für die Arbeit im Sundar-Nagari-Slum innehatte, konnte die Mitbegründerin der „Women's Cooperative for Food Processing & Packaging" eine gute Summe überreichen.

Dann konnte Frieda sich persönlich davon überzeugen, welch wertvolle Hilfe sie hier angestoßen hatte. Die inzwischen fünfundzwanzig vollzeitig beschäftigten Frauen machten im Vergleich zu anderen einen gesunden und sehr zufriedenen Eindruck. Sie hörten nicht auf, Frieda aus Dankbarkeit immer wieder die Hände zu drücken. Es waren glückliche Menschen, die durch ihre Arbeit so viel verdienten, dass sie künftig dem Kreislauf der Armut entrissen waren und fortan für sich selbst und für ihre Familien eine gute und gesicherte Zukunft vor sich hatten! Von jetzt an waren die Gewürz-Frauen Friedas Frauen, „ihre" Frauen, die sie gerne im Herzen, auf der Gebetsliste und für sich und ihre Freunde auf Fotos vor Augen behalten wollte.

Noch ein Anliegen ergab sich in den Gesprächen mit Dr. Kumar. Da seien zwei Frauen, die gerne die Lizenz erwerben würden, eine Rikscha fahren zu dürfen. Es wäre eine Hilfe für das Projekt, selbst eine Transportmöglichkeit zu besitzen. Ob er wohl die Kosten von den verbleibenden Dollar bezahlen dürfe?

Frieda blieb der Mund offen stehen. Frauen aus einem indischen Slum bemühten sich um einen Rikscha-Führerschein? In der Schweiz wäre das wohl ein Motorradführerschein, verbunden mit einer besonderen Transporterlaubnis für Menschen, ging es ihr durch den Kopf. Warum eigentlich nicht? „Dr. Kumar, schicken Sie gerne diese Frauen in den Unterricht. Lassen Sie sie die Rikscha-

Frieda mit Frauen vom Gewürz-Projekt 1997 in Delhi

Lizenz erwerben, und dann sollen sie fröhlich in den Straßen Delhis ihr Geld verdienen. Ich finde das ausgezeichnet."

„Aber die Frauen brauchen doch dann auch Fahrzeuge", legte der Arzt vorsichtig nach.

„Das ist doch wohl selbstverständlich, Dr. Kumar. Was nützt die Lizenz ohne das Fahrzeug? Und so sehr teuer werden die Rikschas nicht sein. Kaufen Sie die Fahrzeuge, wenn die Frauen ihre Prüfungen bestanden haben. Und dann wünsche ich den ersten Rikscha-Fahrerinnen in Indien allezeit gute Fahrt, guten Transport für das Projekt und viele zufriedene Kunden."

„Das ist wunderbar, Mrs Frieda", freute sich der Mann.

Frauen vom Gewürz-Projekt bei der Arbeit, 1997

„Ihre Erlaubnis zur Verwendung des Geldes wird große Freude auslösen. Und ich werde Ihnen sofort mitteilen, wenn die Prüfungen bestanden und die Fahrzeuge gekauft sind."

Fortan nahm sich „Freeda Habeggar" vom „Scheweikhof", wie es auf einem Brief hieß, hauptsächlich des „Polio-Projekts" an, das sich darum bemühte, die Folgen von Kinderlähmung im Sundar-Nagari-Slum bei denen zu mildern, denen ohne Hilfe von außen jegliche Perspektive für ein gelingendes Leben abging.

Denn auch mit diesem Vorhaben und mit dem weiteren zur Einrichtung eines Kiosks auf dem Gelände des St. Stephen's Hospitals warb sie in den nächsten Monaten um Unterstützer, und das durchaus erfolgreich.

Inzwischen wusste sie auch, weshalb sie die Geschichte von Mathilde hatte schreiben müssen. Das Buch erreichte bald die zweite Auflage, erschien als Hörbuch und wurde auch ins Englische übersetzt. Alles Geld, das die Autorin durch Verlagshonorare oder als Entgelt bei Lesungen im Land einnahm, floss zu den Spenden, die sie bekam.

Das Kamel geht durchs Nadelöhr

Friedas Seniorenjahre verliefen kaum anders als die Jahre zuvor. Der rüstigen Dame wurde es nicht langweilig. Da war die große Familie, die immer wieder nach der Mama und der Großmama verlangte und für die sie sich gerne Zeit nahm. Da waren die Veranstaltungen in Kirche und Gemeinschaft. Da begann sie neuerdings, Senioren-Freizeiten im „Sunnehüsi" in Krattigen am schönen Thuner See zu leiten. Es gab immer wieder Einladungen zu Vorträgen vor unterschiedlichstem Publikum.

Dann setzte sie sich ein als Familienhelferin während der Erntezeit zur Unterstützung von Bauersleuten im Schächtental im Kanton Uri. Außerdem war da die neu entdeckte Liebe zur Berner Mundart, die sie bisher nur gesprochen hatte. Sie begann, Geschichten, Erlebnisse und Erfahrungen aus ihrem reichen Leben mündlich und schriftlich zu erzählen, vor interessierten Menschen und für den Verlag, der seinerzeit „Mathilde, Mathilde" veröffentlicht hatte.

So entstanden in mehreren Jahren eine Menge neuer Kontakte ins Land und eine umfangreiche Sammlung von Kurzgeschichten: „Es Bitzli Wällgartong", „Di blaue Halbschue", „E nöie Wäg" und anderes mehr.

Zu Hause wartete ständig eine umfangreiche Korrespondenz auf ihre Erledigung, wobei sich Frieda bald auch moderner Technik bediente. Ein Faxgerät wurde angeschafft, ein Computer fand seinen Platz, und bald verschickte und empfing sie neben Briefen auch E-Mails.

Und wenn das Wetter und der Terminplan es erlaubten, arbeitete sie im Garten oder war zu einem der wenigen Spaziergänge durch die schöne Emmentaler Landschaft unterwegs. Draußen in der Natur zu sein, tat ihr gut und war außerdem gesund.

Über mehrere Jahre hatte Frieda eine schöne Freundschaft mit Fritz Stalder vom Ramisberg. Er war ein alter Jugendfreund, den die Seniorin über Jahrzehnte aus den Augen verloren hatte. Bei einer ihrer Veranstaltungen stand der Witwer plötzlich vor ihr, und fortan verband die beiden eine herzliche Freundschaft, für beide ein „Himmelsgeschenk". Was unternahmen sie nicht noch alles in der Nähe und in der Ferne! Der alte, grauhaarige Herr, früher Berufslandwirt mit großer Viehhaltung auf seinem Hof, war nie zuvor am Vierwaldstätter See oder am Bodensee gewesen oder gar zur Tulpenblüte in Holland.

Für Frieda und Fritz II. waren es wunderschöne Jahre zweier Menschen im fortgeschrittenen Alter. Als Fritz II. dann an einer Herzkrankheit sehr plötzlich starb – Frieda war wegen der dramatischen Entwicklung der Gesundheit ihres Freundes vorzeitig von einem Urlaub zurückgekehrt –, war sie sehr traurig, aber sie dankte Gott für die geschenkten Jahre. Sie war aber auch dankbar, dass er von seinem Leiden erlöst wurde und heim zu seinem Herrn durfte. Sie musste an einen Spruch denken, den sie irgendwo gelesen hatte: „Der Tod ist das Tor zum Licht am Ende eines mühsam gewordenen Weges." Und auch an einen zweiten: „Sterben heißt nicht weggehen und zerrinnen, sondern das große Leben erst beginnen."

In dieser Zeit schrieb sie andere Geschichten aus den Jahren mit Fritz II.: „Liebi im Alter – u was säge de d

Lüt?", das ihr Verlag gerne zur Veröffentlichung übernahm.

Frieda in ihrem Wohnzimmer

Als 1997 bei ihr eine Leukämie diagnostiziert wurde, gefiel das Frieda überhaupt nicht. Sie hatte ein Gefühl, als habe sie schon einen Fuß auf der Brücke, die hinüberführte ans andere Ufer.

Doch dann fühlte sie sich doch von dem Lied getragen,

das ihr schon so oft Mut gemacht hatte. Die dritte Strophe ging ihr in dieser Zeit oft durch den Sinn:

Du weißt, woher der Wind so stürmisch weht,
und du gebietest ihm, kommst nie zu spät;
drum wart ich still, dein Wort ist ohne Trug.
Du weißt den Weg für mich, das ist genug.

Die regelmäßigen Kontrolluntersuchungen zeigten aber mit den Jahren keine Verschlechterung. Frieda merkte nur, wie sie umso aufmerksamer und dankbarer ihre Jahre lebte.

Und dann passierte tatsächlich etwas, was sie nie für möglich gehalten hatte, von dem Fritz I. allerdings vor mehr als zwanzig Jahren bereits gesprochen hatte, als sei ihm damals für einen Moment ein prophetischer Blick geschenkt worden: Das Kamel ging tatsächlich durchs Nadelöhr!

Eines Tages sprach ein Nachbar sie an: „Du, in Basel gibt es einen Straßenwischer, der hat in Indien vor Jahren ein Flugzeug entführt. Könnte das sein, dass das einer deiner Entführer ist?"

Frieda machte sich auf die Suche und fragte schließlich beim Schweizer Fernsehen nach der Adresse. Das Fernsehen konnte ihr weiterhelfen und Frieda stellte fest, dass es wahrhaftig einer „ihrer" Entführer war! Und der war in der Schweiz!

Es war Karan Singh, sechsundvierzig Jahre alt. Er lebte mit Frau und zwei Kindern in der Nähe von Zürich. In einer E-Mail schrieb er ihr, er stünde vor seiner Ausweisung in seine indische Heimat. Das Verfahren sei aber noch nicht abgeschlossen.

Was würde aus diesem Mann und seiner Familie werden? Egal, es war müßig, dieser Frage weiter nachzugehen. Jetzt war nur wichtig, dass die Möglichkeit bestand, diesem Karan Singh zu begegnen! Wie und wo, das ließ sich herausfinden und organisieren.

Frieda schrieb dem Sikh einen Brief und lud ihn zu sich ins Stöckli auf den Schweikhof ein, gespannt darauf, wie der Mann antworten würde. Es kam kein Brief, aber ein Anruf. Am anderen Ende der Leitung war Karan Singh. Der Mann bedankte sich für die Einladung und kündigte seinen Besuch an. Die beiden verabredeten den Tag, und dann stand er vor der Tür des Stöcklis: ein gut aussehender Mittvierziger mit blitzenden Augen im freundlichen, bärtigen Gesicht. Auf dem Kopf trug er den Turban, ohne den kein Sikh unterwegs war, und in der Hand einen Strauß Blumen, die er wegen der Februarkälte erst in der Stube aus ihrer Umhüllung wickelte und mit einem freundlichen Dank für die Einladung überreichte.

Für ein paar Momente standen sich Frieda Habegger und Karan Singh ein wenig unsicher gegenüber. Er knetete seine Hände beziehungsweise das Papier, und sie hielt die Blumen. „Schön, dass Sie gekommen sind, Herr Singh", sagte die Gastgeberin endlich, „nehmen Sie doch bitte schon Platz. Geben Sie mir das Papier. Ich stelle rasch die Blumen ins Wasser und gieße den Tee auf."

Minuten später standen die Blumen in einer passenden Vase auf dem Tisch, und der Tee zog in seiner Kanne und verbreitete einen angenehmen Duft. Die beiden ungleichen Menschen saßen sich lächelnd gegenüber und wussten wohl nicht recht, wie sie das Gespräch beginnen sollten, als stünde da etwas zwischen ihnen, das zunächst weggeräumt werden musste. Wartete die alte Dame auf eine späte Entschuldigung des Gastes für die damalige Geschichte? Wartete der Mann auf ein Wort der Erklärung, des Verstehens oder auch auf eins des Vergebens?

Endlich gab sich Frieda einen Ruck und stellte die schlichte Frage: „Besitzen Sie das Messer noch, Herr Singh, das ich Ihnen damals beim Aussteigen aus dem Flugzeug geschenkt habe?"

„Sie waren das? Und das wissen Sie noch?", wunderte sich der Mann. „Ich erinnere mich noch gut an die nette Dame und die freundliche Geste. Leider habe ich Ihr Geschenk nicht lange behalten dürfen. Es wurde mir bei der Verhaftung genommen wie mein Kirpan auch. Nur das kleine Symbol auf Ihrem Messer konnte ich in meiner Erinnerung behalten."

„Welches Symbol?", wunderte sich die Gastgeberin.

„Auf Ihrem Messer befand sich golden aufgedruckt ein wappenähnlicher Rahmen mit einem Kreuz darin. Das Zeichen Ihres Landes.

Seit meiner Flucht aus Pakistan – ich habe dort dreizehn Jahre im Gefängnis verbracht – und seit meiner Aufnahme in diesem Land 1995, also vor dreizehn Jahren, ist es auch mein Land geworden. Ich liebe die Schweiz. Sie ist jetzt meine Heimat, und ich darf wohl sagen, dass ich auch hier einiges an, sagen wir, Wiedergutmachung für damals geleistet habe. Ich möchte sehr ungern zurück nach Indien."

„Sie sind einen weiten Weg gegangen, Herr Singh", meinte Frieda.

„Sagen Sie bitte ‚Karan', gnädige Frau", gab der Sikh zunächst zurück. „‚Singh' ist kein Nachname. ‚Singh' heißt ‚Löwe'. Bei uns Sikhs heißt jeder erwachsene Mann

‚Singh'. Das heißt, er hat süßes Wasser getrunken, das zuvor mit einem Dolch gerührt wurde. Er ist damit zum Sikh geworden und gehört zur ‚Khalsa', der Bruderschaft der Sikhs. ‚Sikh' heißt ‚Jünger' oder ‚Schüler'. Und jeder Sikh heißt Singh. Da weiß man oft nicht, wer denn gemeint ist, wenn man ‚Herr Singh' sagt. – Also sagen Sie Karan."

„Danke für die Erklärung, Karan. Ich habe etwas Neues gelernt. Sie dürfen sich auch gerne auf ‚Frieda' beschränken", gab die Frau zurück.

Mit dieser Klärung der gegenseitigen Anrede war die Atmosphäre nun völlig frei und gelöst. „Es freut mich sehr, dass ich Sie mit Ihrem Vornamen anreden darf, Frieda", lächelte der Mann freudig. Er wurde aber sofort wieder ernst. „Hatten Sie damals Angst? Habe ich Ihnen damals Schaden zugefügt?", wollte er jetzt wissen.

Die Frau am Tisch musste die Antwort nicht lange überlegen: „Anfangs habe ich gedacht, den Fluggästen würde eine Folklore-Show geboten. Dann bekam ich Angst vor den wilden Männern mit ihren Dolchen. Ich hatte Angst, bis ich begriff, dass es Ihnen und Ihren Kirpan schwingenden Mitstreitern in erster Linie darauf ankam, Aufmerksamkeit zu erregen. Da habe ich mich sogar ein Stück weit innerlich solidarisiert und das ‚freedom for Kalistan' ohne Skrupel mitskandiert.

Dabei hatte ich von meinem christlichen Glauben her eine große Gewissheit, in den Händen meines Gottes geborgen zu sein, was auch immer an Bord des Flugzeugs geschehen würde. In diesem Sinn konnten Sie mir gar nicht schaden, Karan."

„Dann haben Sie Ihrem Christen-Gott sicher sehr gedankt, als das Ganze vorbei war?"

Frieda bei einem Treffen mit einem ihrer Entführer: Karan Singh (neben ihr mit hellem Turban); Foto: André Albrecht

„Ja, und nicht nur das, Karan“, bestätigte Frieda. „Ich habe für Sie und Ihre Männer gebetet, dass man seitens der pakistanischen oder auch indischen Behörden gnädig mit Ihnen umgehe und Ihnen einen fairen Prozess mache.“

„Den hat man gemacht, Frieda. Zu unserem Glück. Danke für Ihre Gebete. Wir konnten glaubhaft machen, dass wir keine Gewalt anwenden wollten. Wir hatten zwar unsere Kirpane. Aber die gehören zu einem Sikh wie seine besondere Kleidung einschließlich des Turbans und wie sein Bart und sein eiserner Armreif. Die Bombe war lediglich eine Attrappe. Wir waren junge Leute, Frieda. Wir wollten wirklich nur auf unsere Forderung nach einem eigenen Staat aufmerksam machen. Wir wollten für unsere Ideale kämpfen – Freiheit für Kalistan.

Diese Freiheit wird bis heute vom indischen Staat nicht gewährt. Und die Strafe für meinen jugendlichen Übereifer habe ich in Pakistan verbüßt, Frieda, dreizehn Jahre im Gefängnis."

Karan Singh nahm einen Schluck Tee und ein Gebäck dazu.

Als sie später zum Abschied an der Haustür standen, schaute Frieda dem Gast noch einmal in seine freundlich blitzenden Augen und bat ihn, einen Moment zu warten. „Ich habe noch etwas für Sie."

Damit ging sie zurück in die Stube, war aber sofort wieder da. In der Hand hielt sie ein Schweizer Messer, ähnlich dem von damals. „Nehmen Sie es als Erinnerung an unsere neue Begegnung, Karan", sagte sie und fuhr fort: „Ich bin sehr zuversichtlich, nein, ich bin sogar sicher, sehr sicher, Karan, dass Sie dieses Messer noch viele Jahre gebrauchen werden."

Bewegt nahm Karan Singh das Geschenk an. Er ergriff ihre Hände: „Danke, Frieda, danke für diese Geste! Und danke für Ihre gelebte Versöhnung! Ich werde diesen Nachmittag nie vergessen. Leben Sie wohl!"

Irgendeine fremde Weise summend verließ der Mann Haus und Grundstück der besonderen Frau, die er hier hatte kennenlernen dürfen, stieg in sein Auto und fuhr den Hügel hinunter.

Frieda folgte ihm noch bis an den Fahrweg und winkte dem Auto nach, bis es in der engen Durchfahrt zwischen der Molkerei und dem Nachbarhaus verschwunden war. Sehr glücklich und dankbar, zugleich auch ein wenig nachdenklich ging sie ins Stöckli zurück.

Und dann hatte sie plötzlich wieder „ihr“ Lied im Kopf, das den Blick nach vorne richtete. Diesmal war es die zweite Strophe, die ihr bewusst vor der Seele stand:

Du weißt den Weg, mein Gott, du weißt die Zeit,
dein Plan ist fertig schon und liegt bereit.
Ich preise dich für deiner Liebe Macht,
ich rühm die Gnade, die mich reich gemacht.

Sie war jetzt alt, aber Gott würde sie tragen, wie es in einem anderen ihrer Lieblingslieder hieß:

Gott wird dich tragen, drum sei nicht verzagt,
treu ist der Hüter, der über dich wacht.
Stark ist der Arm, der dein Leben gelenkt,
Gott ist ein Gott, der der Seinen gedenkt.

Gott wird dich tragen mit Händen so lind.
Er hat dich lieb wie ein Vater sein Kind.
Das steht dem Glauben wie Felsen so fest:
Gott ist ein Gott, der uns nimmer verlässt.
(F. J. Crosby)

Nachwort

Am Donnerstag, dem 1. November 2007, musste die Schülerin Miki Maehara, Tochter einer in Fujisawa lebenden japanischen Familie, in ihrer Schule eine mündliche Prüfung in deutscher Sprache bestreiten. Ihre Aufgabe war, etwa drei Minuten lang eine Person aus ihrem Bekanntenkreis zu porträtieren. Miki wählte als „Gegenstand" ihrer Rede Frieda Habegger, die langjährige Freundin ihrer Mutter, die sie selbst zwei Jahre zuvor bei einem Urlaub in der Schweiz kennengelernt hatte. In ihrer Rede sagte Miki unter anderem:

„... Ich möchte hier über drei wichtige Dinge reden, die ich von dieser Frau gelernt habe:

Erstens, sie hat mich gelehrt, keine Lebensmittel zu missachten oder zu vergeuden. Ich war darüber zunächst sehr erstaunt. Weder meine Großeltern noch meine Eltern hatten mich dies gelehrt. Ich bin die Jüngste in der Familie, und man erlaubte mir, mein Essen auf dem Teller zurückzulassen, wenn ich darauf keinen Appetit hatte. Frau Habegger sagte mir: ‚Es gibt Tausende Kinder in der Welt, die kaum etwas zu essen haben. Missachte und vergeude keine Lebensmittel, Miki!' Seitdem versuche ich, alle Gerichte zu essen, die mir vorgelegt werden.

Zweitens hat mir Frieda Habegger gezeigt, welche Freude es bringt, Zeit für andere zu haben und sie mit ihnen zu teilen. Sie nahm mich mit in die Häuser ihrer Freunde. Die meisten von ihnen waren ältere Menschen, die alleine lebten. Frau Habegger brachte ihnen Blumen, Gebäck oder eine Flasche Wein mit und nahm sich Zeit, den Menschen zuzuhören, ihnen gute Worte aus ihrer heiligen Schrift, der Bibel, zu sagen und mit ihnen zu singen und zu beten. Ihre Freunde waren dann immer sehr glücklich. Frau Habegger ist schon über siebzig, aber sie ermutigt aus ihrem christlichen Glauben heraus Menschen zum Leben, die älter sind als sie.

Drittens lehrte sie mich, auf die wunderschöne Natur um uns herum zu achten und sie zu würdigen. Nach dem Essen haben wir häufig Hand in Hand Spaziergänge in die schöne und friedliche Landschaft des Emmentals gemacht, das bekannt ist für seinen Käse, wie jedermann weiß. Ich sah unverdorbene Natur wie Bäume, Blumen und Felder. In Japan hatte ich bisher die Schönheit der Welt um mich herum nie wirklich beachtet. Frau Habegger lehrte mich: ‚Auch die kleinste Blume am Weg hat Leben in sich. Bitte, Miki, beachte immer die Schönheit der Schöpfung Gottes und liebe und pflege sie.‘

Zum Schluss: Seit ich Frau Habegger getroffen habe, denke ich immer an hungrige Kinder in der Welt und missachte keine Lebensmittel mehr. Seitdem bemühe ich mich, Menschen um mich herum an meinem Glück Anteil zu geben. Ebenso genieße ich die schöne Natur viel mehr als zuvor. Auch wenn ich Frau Habegger nicht mehr häufig begegne, so erinnere ich mich doch an ihre Worte und an ihre Art zu leben. Möge sie noch vielen Menschen ein Vorbild sein.“

Der alte Brunnen

Der alte Brunnen spendet leise
sein Wasser täglich gleicherweise.
Ich möchte diesem Brunnen gleichen,
was in mir ist, stets weiterreichen.
Doch geben, geben alle Tage,
sag, Brunnen, wird das nicht zur Plage?
Bescheiden sagt er auf der Stelle:
„Ich bin ja Brunnen, nicht die Quelle;
mir fließt es zu, ich geb es weiter.
Das macht mein Dasein froh und heiter."
So leb ich nach des Brunnens Weise,
schöpf täglich Kraft zur Lebensreise.
Ich will beglückt stets weitergeben,
was mir die Quelle schenkt zum Leben.

Lothar von Seltmann

Aber die Liebe siegt

Clara und Franz
Peter und Gustchen

416 Seiten, Gebunden
ISBN 978-3-7655-1735-8

Clara und Franz
Die hübsche Clara und der bescheidene Franz haben sich schon in der Schulzeit gut verstanden. Als Franz aus dem Krieg heimkehrt, verlieben sie sich ineinander. Gegen den Willen der Eltern heiraten sie und leben bei ihnen auf den Hof. Unter der strengen Herrschaft der Eltern muss das junge Paar harte Zeiten überstehen, aber die Liebe siegt!

Peter und Gustchen
Peter, der Maler, findet seine große Liebe: Auguste, zärtlich „Gustchen" genannt. Doch schwierige Zeiten liegen vor ihnen: der Erste Weltkrieg und die Weltwirtschaftskrise, die Herrschaft der Nazis und der Zweite Weltkrieg. Aber die praktisch veranlagte Auguste sorgt in bewundernswerter Weise für die Familie ...

BRUNNEN VERLAG GIESSEN
www.brunnen-verlag.de

Lothar von Seltmann

Dora, die Tochter des Bischofs

Das spannende Leben der Dora Rappard

208 Seiten, Taschenbuch
ISBN 978-3-7655-4017-2

Mit vier Jahren kommt sie als Tochter des anglikanischen Bischofs Samuel Gobat nach Jerusalem. Bereits als Mädchen spricht Dora vier Sprachen. Ihr ganz im Zeichen des Glaubens stehendes Leben führt Dora von Palästina über Deutschland, England und Ägypten schließlich an der Seite ihres Mannes, Carl Heinrich Rappard, in die Schweiz. Bekannt werden beide vor allem als Leiter des Chrischona-Werkes bei Basel.

Lothar von Seltmann

Helene und das Wunder des „Schönblick“

Als alle Welt in den Krieg zog, bauten sie für Menschen und für Gott ...

256 Seiten, Gebunden
ISBN 978-3-7655-1931-4

1914: In ganz Europa stehen die Zeichen auf Krieg. Ausgerechnet jetzt will eine Handvoll Männer ein wagemutiges Glaubenswerk in die Tat umsetzen: den „Schönblick“, ein Erholungsheim, zu gründen.

Helene Scheufele erlebt als Mädchen und Haustochter, wie dieses Wagnis beginnt und welche Wunder Gott tut, um den „Schönblick“ in den folgenden Jahrzehnten durch leichte und schwere Zeiten zu tragen und auszubauen. Sie sieht die verschiedensten Gäste kommen und gehen und verliebt sich in Johann, den neuen Fahrer. Als Krankenschwester im Zweiten Weltkrieg bangt sie um die Sicherheit der Patienten – und immer wieder schöpft sie neuen Mut aus dem Glauben: Den „Schönblick“ hat Gott geschenkt, für die Arbeit mit vielen, vielen Menschen ...

BRUNNEN VERLAG GIESSEN
www.brunnen-verlag.de